W0333829

Ausgeschieden
Flohmarkt

Caillou, Marie
Essen und Trinken in Frankrei
P03FS / Cai 2016 61875

Marie Caillou
Essen und Trinken in Frankreich

Marie Caillou

Essen und Trinken in Frankreich

Das kulinarische Wörterbuch für unterwegs

61875
BOREALIS AGROLINZ
MELAMINE GMBH
Betriebsratsbibliothek
St.-Peter-Straße 25
A-4021 Linz/Austria
P03 FS
12.02.16

Anaconda

Die Deutsche Nationalbibliothek verzeichnet diese Publikation in der Deutschen Nationalbibliografie; detaillierte bibliografische Daten sind im Internet unter http://dnb.d-nb.de abrufbar.

© 2010 Anaconda Verlag GmbH, Köln
Alle Rechte vorbehalten.
Umschlagmotiv und -gestaltung:
Sven Gackoski, Wuppertal, gackoski@e-mail.de
Satz und Layout: paquémedia, Ebergötzen
Printed in Czech Republic 2010
ISBN 978-3-86647-504-5
www.anacondaverlag.de
info@anaconda-verlag.de

Inhalt

Einleitung

Frankreich ist für vieles berühmt – seine facettenreichen Landschaften, seine feine Lebensart, seine ausgezeichneten Weine und, nicht zuletzt, seine Küche. Wer dieses Land mit offenen Augen und Ohren besucht, stellt schnell fest: Die Franzosen genießen es nicht nur, zu kochen und bekocht zu werden, sie reden auch oft und ausgiebig übers Essen und gehen leidenschaftlich gern ins Restaurant. Und weil das so ist, gibt es eine nahezu unüberschaubare Vielzahl an Restaurants, Bistros und Brasserien, die eine grenzenlos scheinende Vielfalt an Speisen anbieten, von der hochfeinen Haute Cuisine bis zur durchaus deftigen regionalen Küche. Ein paradiesischer Zustand, möchte man meinen – wenn das Ganze für den Gast, und besonders den ausländischen, nicht mitunter so verwirrend wäre …

Saßen auch Sie schon einmal ziemlich ratlos vor der Menükarte eines französischen Restaurants und bestellten schließlich mutig ein Gericht einfach nur deshalb, weil der Name nett klang – und erlebten zwanzig Minuten später eine Überraschung, als Ihnen statt des erwarteten Fleischgerichts eine kräftige Fischsuppe serviert wurde? Oder bereiten Sie gerade eine Reise nach Frankreich vor und haben von leckeren Spezialitäten gelesen, bei denen Sie nicht recht wissen, ob es sich um ein Gemüse, eine Wurst oder einen Nachtisch handelt? Nun, dieses Buch wird Ihnen dabei helfen, sich überall dort zurechtzufinden, wo es in Frankreich ums Essen geht, im Restaurant ebenso wie auf dem Markt oder im Supermarkt. Hier können Sie nachschlagen, wenn Sie nicht genau wissen, was Sie vor sich haben.

Zunächst erhalten Sie einige Tipps rund ums Essen und Einkaufen in Frankreich: Welche Restauranttypen gibt es? Um welche Uhrzeit geht man am besten ins Restaurant? Wie kaufe ich auf dem Markt eine Melone, und in welchem Supermarkt finde ich was?

Es folgt eine Auswahl typischer regionaler Gerichte und Produkte, geordnet nach »kulinarischen« Regionen. Frankreich hält eine ungeheure Fülle an Spezialitäten bereit, und jede Region ist sehr stolz auf ihre besonderen Köstlichkeiten. Probieren Sie möglichst viel von dem, was die lokale Küche jeweils zu bieten hat – es lohnt sich. Einige Spezialitäten finden sich gleich in mehreren Regionen Frankreichs, manchmal mit feinen Nuancen in der Zubereitung.

Den Hauptteil aber bildet ganz klassisch das Wörterbuch, erst Französisch – Deutsch, dann Deutsch – Französisch. Die hier aufgeführten Wörter und Begriffe rund ums Essen werden Ihnen im Restaurant und auf dem Markt, in der Bäckerei, der Metzgerei oder im Käseladen dabei helfen, stets zu wissen, was Ihnen angeboten wird und was Sie bestellen.

Falls Sie einen Begriff vermissen: Die Chefs französischer Restaurants sind sehr erfinderisch, wenn es um die Namen Ihrer Gerichte geht, und so manche Karte trägt bisweilen fast poetische Züge. Hier wie überall gilt: Fragen Sie nach! Und sollte Ihnen bei den Käsesorten die eine oder andere fehlen – es gibt ihrer schlicht zu viele (den Franzosen zufolge ebenso viele wie Tage im Jahr), als dass sie alle hätten aufgenommen werden können.

Und nun: Auf nach Frankreich – *et bon appétit!*

Essen gehen in Frankreich

Sie werden in Frankreich schnell die große Vielfalt an Restaurants bemerken – denn Franzosen gehen gern und häufig essen, und zwar auch zur Mittagszeit (in Frankreich wird durchaus zweimal am Tag warm gegessen). Überzeugen Sie sich, Sie werden zahlreiche Mittagsmenüs finden. Auch mit Freunden und Bekannten verabredet man sich hier viel eher zum Essen als zum Bier.

Abends findet man sich in der Regel zwischen 19 Uhr und 19 Uhr 30 (*premier service*: erster Service) oder zwischen 20 Uhr und 20 Uhr 30 (*second service:* zweiter Service) im Restaurant ein, in Paris mitunter auch noch später.

Doch wohin essen gehen? Die Auswahl ist groß und erscheint auf den ersten Blick verwirrend. Zögern Sie nicht, sich die angebotenen Menüs anzuschauen, auf die stets bereits draußen hingewiesen wird – so können Sie sich einen Eindruck verschaffen, ob das Restaurant z. B. eher traditionelle Gerichte, lokale Spezialitäten oder eine einfache Bistroküche anbietet und auf welchem Preisniveau sich das Ganze bewegt. Sie können sich immer noch nicht entscheiden? Die Empfehlungen diverser Gastronomie-Führer, die sich meist an oder neben der Eingangstür finden, werden Ihnen vielleicht helfen.

Ein Restaurantbesuch kann in Frankreich – von deutscher Warte aus betrachtet – teuer werden. Doch bei der Vielzahl an Angeboten findet gewiss jeder eine mit seinem Budget vereinbare und trotzdem gute Alternative.

Was ist anders in einem französischen Restaurant? Man wird Sie immer sehr schnell fragen (auch schon bevor Sie zu Ende gewählt haben), ob Sie einen Apéritif trinken möchten. Es ist einfach gute französische Tradition, vor dem Essen ein kleines alkoholisches Getränk zu sich zu nehmen. Dazu werden meist Knabbereien oder Oliven serviert. Selbstverständlich können Sie dies ohne Umschweife ablehnen oder sich alternativ ein nicht alkoholisches Getränk bestellen.

Bei der Wahl der Speisen empfiehlt sich stets ein Blick auf die Menüs (*menu* oder *formule* genannt), bei denen Sie für einen festen Preis zwischen mehreren Gerichten wählen können. Zur Auswahl stehen üblicherweise folgende Kombinationen: Vorspeise / Hauptgericht, Hauptgericht / Käse und/oder Nachtisch, Vorspeise / Hauptgericht / Käse und/oder Nachtisch. Ab und zu gehört auch ein Glas Wein oder ein abschließender Kaffee zum Menü, aber das ist eher selten der Fall. Wasser (falls Sie Mineralwasser bestellen), Apéritif, Wein, Kaffee und Schnaps werden extra berechnet. Haben Sie sich für ein Menü mit Nachtisch entschieden, wird man Sie in der Regel erst nach dem Hauptgericht fragen, welches Dessert Sie ausgewählt haben.

Sie können Ihre persönliche Speisefolge natürlich auch *à la carte* auswählen, doch oft finden sich hier, neben einigen weiteren, dieselben Gerichte wie in den Menüs. Falls Sie nicht nur eine Kleinigkeit essen möchten, sind die Menüs die günstigere Variante.

Eine Wasserkaraffe (Leitungswasser) und ein Korb mit Brot gehören zu jedem Tisch. Fehlt etwas? Fragen Sie nach.

Es ist generell unüblich, der Bedienung Trinkgeld zu geben, und falls doch, dann meist nur in bestimmten Restaurants. Wenn Sie Ihre Rechnung begleichen, zahlen

Sie nur den angegebenen Betrag. Möchten Sie dennoch gern ein Trinkgeld geben, dann legen Sie das Geld einfach auf den Tisch, wenn Sie das Restaurant oder die Kneipe verlassen.

Seit dem 01.01.2008 ist es verboten, in Restaurants, Kneipen etc. zu rauchen, es sei denn, der Kneipen- / Restaurantbesitzer hat einen Raucherbereich eingerichtet. Wenn nicht, müssen Sie draußen rauchen. Sitzen Sie auf einer offenen Terrasse? Dann dürfen Sie rauchen.

Möchten Sie nur eine Kleinigkeit essen? In Bäckereien und speziellen Geschäften werden Sie eine große Auswahl an leckeren Sandwichs finden, in vielen Kneipen und Cafés gibt es *tartines* (belegte Brotscheiben, meist mit etwas Salat) oder Suppen und kleine Eintöpfe im Winter und Salate im Sommer. Sie haben doch größeren Hunger? Dann sehen Sie sich nach Mittagsmenüs um, die oft recht günstig angeboten werden.

Sie sind auf der Suche nach einem Nachmittagskaffee mit einem Stück Kuchen? So etwas werden Sie in Frankreich leider kaum finden, es sei denn, Sie besuchen einen *salon de thé*. Kuchen gehört in Frankreich zum Essen und gilt als Nachtisch, der vor einem kleinen *café* serviert wird. Zum Kaffee oder Tee (gegen 16 Uhr) gehören eher kleineres Gebäck oder Kekse.

Sind Sie bei Freunden oder Bekannten eingeladen? Kommen Sie 10 bis 15 Minuten nach der verabredeten Zeit und bringen Sie den Gastgebern eine Kleinigkeit mit, z.B. einen Blumenstrauß. Auch hier wird man Ihnen erst einmal einen Apéritif anbieten, doch die Auswahl an Knabbergebäck wird deutlich größer sein als im Restaurant. Getrocknete Wurst *(saucisson sec)*, Oliven, Chips, Nüsse und sogar warme oder kalte (recht aufwändige) kleine Häppchen werden serviert. Mit der Vielfalt an solchen kleinen Leckereien lässt sich auch ein *apéro-dinatoire* bestreiten, ein durchaus vollwertiges Fingerfood-Essen.

Sie vermissen den Wein, wenn man nach dem Essen noch gemütlich auf dem Sofa zusammensitzt? Wein wird in der Regel nur zu den Speisen serviert. Nach dem Essen wird man Ihnen eher einen *digestif* (Schnaps oder Likör) anbieten und später vielleicht auch eine *tisane*, einen Kräutertee.

Lokal- und Restaurantbezeichnungen

Bar à vins – Weinbars bieten oft eine einfache Küche mit (offenen) Weinen.

Bar – Kneipe, in der man eigentlich nur etwas trinkt. Hier werden meist Sandwichs serviert.

Bistro(t) *od.* **(Bis)troquet** – Kleines Lokal, vergleichbar einem Café. Hier findet sich in der Regel nur eine kleine Auswahl an einfachen Mittagsgerichten zu kleinen Preisen.

Bouchon – Kleines typisches Restaurant in Lyon.

Brasserie – Großes Lokal, in dem man trinken und auch essen kann. Hier wird eine traditionelle (oft deftige) Küche angeboten, oft mit elsässischen Gerichten (wie *choucroute*, Sauerkraut mit Fleisch und Kartoffeln).

Café (auch Café-bar) – Cafés haben meistens eine kleine Speisekarte, oft nur für mittags.

Café-Restaurant – Zur Mittagszeit verwandeln sich diese Cafés in Restaurants. Nur ein paar Tische bleiben ungedeckt, für diejenigen, die nur etwas trinken möchten.

Crêperie – Restaurant, in dem *crêpes* und *galettes* serviert werden.

Estaminet – Kleines typisches Café-Restaurant in der Region Nord.

Ferme auberge – Restaurant eines Bauernhofs, wo man die Spezialitäten einer Region oder Gerichte essen kann, die mit den Erzeugnissen des Hofs zubereitet worden sind.

Glacier – Klassische Eisdiele.

Restaurant – In Restaurants kann man nicht einfach »nur« etwas trinken – allenfalls am Tresen oder nachmittags auf der Sommerterrasse darf die Speise zum Getränk fehlen.

(Relais) Routiers – 1934 eingeführte Fernfahrerrestaurants, die man entlang den *routes nationales* (Landstraßen) findet. Sie bieten traditionelle und regionale Küche für wenig Geld. Nicht nur für Fernfahrer!

Rôtisserie – Grillrestaurant.

Salon de thé – Teestube, die tagsüber Kuchen und Torten serviert. Ab und zu wird eine kleine Auswahl an Mittagsgerichten angeboten.

Self-service – Selbstbedienungsrestaurants werden Sie eher in großen Supermärkten oder an Autobahnraststätten finden. Hier geht man mit einem Tablett an einer Theke entlang und wählt seine Gerichte aus.

Table d'hôtes – Essen bei den Anbietern von Gästezimmern.

Gastronomieführer

»GaultMillau«, »Michelin«, »Bottin Gourmand«, »Logis« vergeben Kochmützen, Sterne und Töpfe und empfehlen in den meisten Fällen Restaurants der höheren Preisklassen.

»Guide du Routard«, »Paris pas cher« (für Paris) und »Petit Futé« führen eher durch das untere bis mittlere

Preissegment und empfehlen sich für die kleineren Geldbeutel.

Hilfreiche Wörter und Sätze
(nicht nur) rund um den Restaurantbesuch

bonjour – guten Morgen, guten Tag
au revoir – auf Wiedersehen
à bientôt – bis bald
s'il-vous-plaît – bitte
de rien – bitte schön
non merci – nein danke
Menu / Formule – Menü
Plat du jour – Tagesgericht
Je voudrais réserver une table pour XX personnes, pour / vers 19 heures, pour ce soir, pour demain. – Ich möchte einen Tisch für XX Personen bestellen, für / gegen 19 Uhr, für heute Abend, für morgen.
Auriez-vous une table de libre plus tard ? plus tôt ? – Hätten Sie einen Tisch für später? früher?
Désolé, nous sommes complets. – Es tut mir leid, wir haben keine freien Plätze mehr.
J'ai / nous avons réservé une table au nom de XX – Ich habe / Wir haben einen Tisch unter dem Namen XX reserviert.
Avez-vous réservé ? – Haben Sie reserviert?
Vous servez encore ? – Ist die Küche noch offen?
C'est pour boire ou manger ? – Möchten Sie essen oder nur etwas trinken?
à l'intérieur ? en terrasse ? – Drinnen? oder draußen?
Fumeur ou non-fumeur ? – Raucher oder Nichtraucher?
Avez-vous encore une table de libre pour XX personnes ? – Haben Sie noch einen Tisch für XX Personen?

Nous allons prendre / je prends le menu XX. – Wir nehmen / Ich nehme das Menü XX.
Je prends en entrée ... – Als Vorspeise nehme ich ...
Je prends en plat de résistance ... – Als Hauptspeise nehme ich ...
Je prends en dessert ... – Als Nachtisch nehme ich ...
Nous n'avons pas encore choisi. – Wir haben noch nicht gewählt.
Sans ... – ohne ...
Quel est le plat du jour ? – Was ist das Tagesgericht?
Que pouvez-vous nous recommander ? – Was können Sie empfehlen?
Pourrait-on avoir une (autre) carafe d'eau / du pain ? – Könnten wir eine (andere) Wasserkaraffe / mehr Brot haben?
Ce n'est pas ce que j'ai commandé. J'ai commandé ... – Das ist nicht das, was ich bestellt habe. Ich habe ... bestellt.
Bon appétit ! – Guten Appetit!
Vous prendrez un café ? un digestif ? – Möchten Sie einen Kaffee? Einen Schnaps?
Pourrait-on avoir un cendrier ? – Könnten wir einen Aschenbecher bekommen?
Où sont les toilettes s'il vous plaît ? – Wo ist das Bad, bitte?
L'addition s'il vous plaît. – Wir möchten zahlen, bitte.
Service compris – Trinkgeld inklusive
Service non compris – Trinkgeld nicht inklusive

Einkaufen in Frankreich

Wer schon einmal in Frankreich war, weiß, dass man sich in einem normalen Supermarkt beinahe verlaufen kann. Hier findet man buchstäblich nahezu alles, von Brot, Gemüse und Wurstwaren bis hin zu Bettwäsche, Fernsehern und Taschenlampen. Wenn Sie Ihren Einkauf in einem Supermarkt erledigen, werden Sie (fast) nichts vermissen und all die Dinge besorgen können, die auf Ihrem Einkaufszettel stehen. Supermärkte befinden sich meist am Stadtrand, oft in den sogenannten *zone commerciale*, den »Einkaufszonen«. Es gibt sie natürlich auch in den Innenstädten, dort sind sie jedoch zumeist deutlich kleiner – wenn auch immer noch viel größer als so mancher deutsche Durchschnittssupermarkt. Die Auswahl mag hier zwar nicht ganz so umfassend sein, doch für den täglichen Bedarf ist mehr als reichlich gesorgt.

Neben den Supermärkten gibt es natürlich noch zahlreiche weitere Einkaufsmöglichkeiten. Besuchen Sie unbedingt einen der Märkte, die an vielen Orten mindestens einmal pro Woche stattfinden! (Wenn Sie nicht wissen, wann und wo, erkundigen Sie sich einfach beim *office du tourisme*, der Touristen-Information, wo häufig sogar kleine Broschüren mit den Marktzeiten ausliegen.) Dort werden Sie frisches Obst und Gemüse, Fisch, Fleisch etc. finden und noch vieles mehr, was die Region je nach Saison zu bieten hat. Seien Sie nicht erstaunt, wenn ein Händler Sie fragt, wann Sie z.B. die Melone, die Sie gerade kaufen, essen möchten: Je nachdem, ob sie noch am selben Tag oder erst später auf den Tisch kommen soll, wird er ein Exemplar mit entsprechendem Reifegrad für Sie heraussuchen. Umgekehrt dürfen Sie natürlich auch fragen – zögern Sie nicht, den fachkundigen Rat des Händlers einzuholen, um das Richtige auszuwählen.

In jeder Stadt, sei sie groß oder klein, und ebenso in vielen Dörfern werden Sie die sogenannten *commerce de promixité*, *de quartier* oder *petits commerçants* finden. Dies sind die »spezialisierten« ortsansässigen Geschäfte: Metzgereien, Bäckereien, Käseläden, Obst- und Gemüsehändler usw. Sehr oft sprechen die Franzosen von »meinem« Metzger, »meinem« Bäcker – für den Händler Ehre und Verpflichtung zugleich, denn seine treuen Kunden zu enttäuschen kann er sich nicht erlauben! Genießen Sie die Frische und das reiche Angebot dieser Läden. Übrigens existieren in Frankreich kaum Bäckereiketten: Wenn ein Bäcker sein Brot nicht vor Ort selbst backt, darf er sein Geschäft nicht *boulangerie* (Bäckerei) nennen! Jeder Bäcker wird neben einer Auswahl an Standardbroten auch seine eigenen Kreationen anbieten – die eine oder andere sollten Sie auf jeden Fall probieren!

Die *spécialités*, die lokalen Spezialitäten einer Region, werden fast überall angeboten, sowohl in den Supermärkten und kleineren Läden als auch auf den Märkten und in speziellen Geschäften, die besonders in Touristenorten leicht zu finden sind. Seit vielen Jahren bereits preist jede Region ihre kulinarischen Spezialitäten an, und es existiert ein großes Angebot an *produits du terroir* oder *régionaux*. Probieren Sie sie – es gibt ein Fülle von herzhaften oder süßen Leckereien und Getränken zu entdecken!

Einkaufsmöglichkeiten

hypermarché ***m*** – großer Supermarkt
supermarché ***m*** – normaler Supermarkt
supérette ***w*** – kleiner Supermarkt
commerce de proximité (*od.* commerce de quartier, *od.* petit commerçant) ***m*** – kleine Fachgeschäfte eines Stadtteils (Bäckerei, Metzgerei etc.)
épicerie ***w*** – kleiner Lebensmittelladen
épicerie fine ***w*** – Lebensmittelladen für Feinschmecker
épicerie de nuit ***w*** – kleiner Lebensmittelladen, der noch sehr spät geöffnet hat
poissonnerie ***w*** – Fischladen
charcuterie ***w*** – Wurstwaren; Wurstwarenladen (als Einzelgeschäft selten; meist *boucherie-charcuterie*)
charcutier-traiteur ***m*** – Metzger, der auch hausgemachte fertige Gerichte verkauft
traiteur ***m*** – Geschäft, in dem man fertige Gerichte kaufen kann
boucherie chevaline ***w*** – Pferdemetzgerei
boucherie ***w*** – Metzgerei
fromagerie ***w*** – Käseladen
primeur ***m*** – Obst- und Gemüsehändler
marchand de fruits et légumes ***m*** – Obst- und Gemüseverkäufer
marché (couvert) ***m*** – Markt(halle)
boulangerie ***w*** – Bäckerei
boulangerie-pâtisserie ***w*** – Bäckerei-Konditorei
dépot de pain ***m*** – Ort, an dem außerhalb von Bäckereien Brot gekauft werden kann
biscuiterie ***w*** – Gebäckladen

Hilfreiche Wörter und Sätze
(nicht nur) rund ums Einkaufen

bonjour – guten Morgen, guten Tag
au revoir – auf Wiedersehen
à bientôt – bis bald
s'il-vous-plaît – bitte
de rien – bitte schön
non merci – nein danke
Je vais prendre 2 (deux) tranches de ... – Ich nehme 2 Scheiben ...
Je vais prendre 200 (deux cent) grammes / 1 kilo de ... – Ich nehme 200 Gramm / 1 Kilo ...
Ça ira comme ça? – Reicht es so?
Mettez m'en un peu plus / un peu moins s'il-vous-plaît. – Tun Sie ein bisschen mehr dazu / davon ein bisschen weniger, bitte.
C'est pour aujourd'hui? – Wollen Sie es heute essen?
Oui. / Non, pour demain / pour dans ... jours. – Ja. / Nein, morgen / in ... Tagen.
Ca sera tout? – Kommt noch etwas dazu?
Oui, merci. / Non, j'ai encore besoin de ... – Nein, danke. / Ja, ich brauche noch ...
Un pain complet, tranché, s'il-vous-plaît. – Ein Vollkornbrot, geschnitten, bitte.

Die Regionen

Le Nord (Nord-Pas-de-Calais) / Picardie / Flandres (Nord, Pas de Calais, Somme, Oise, Aisne)

L'Est

Champagne-Ardenne (Ardennes, Marne, Haute-Marne, Aube)
Bourgogne / Beaujolais (Yonne, Côte d'or, Nièvre, Saône et Loire)
Alsace-Lorraine (Bas-Rhin, Haut-Rhin, Meuse, **Meurthe et Moselle**, Moselle, Vosges)
Franche-Comté / Jura (Haute Saône, Doubs, Jura)

Paris / Île-de-France (Paris, Hauts-de-Seine, Val de Marne, Seine-Saint-Denis, Val d'Oise, Seine et Marne, Essonne, Yvelines)

Normandie (Manche, Calvados, Orne, Seine Maritime, Eure)

Bretagne (Finistère, Côtes d'Armor, Ille et Vilaine, Morbihan)

Pays de la Loire, Vendée (Loire-Atlantique, Vendée, Maine et Loire, Mayenne, Sarthe)

Centre / Orléanais / Berry (Eure et Loir, Loir et Cher, Loiret, Indre, Indre et Loire, Cher)

Poitou-Charentes (Deux Sèvres, Vienne, Charente Maritime, Charente)

Massif Central
Limousin / Corrèze (Haute Vienne, Creuse, Corrèze)
Auvergne / Cantal (Allier, Cantal, Puy de Dôme, Haute Loire)

Rhône-Alpes
Savoie (Savoie, Haute Savoie)
Lyonnais (Ain, Rhône, Loire)
Ardèche (Ardèche)
Dauphiné (Drôme, Isère)

Aquitaine
Quercy-Périgord (Lot, Dordogne, Lot et Garonne)
Bordelais / Gironde / Landes (Gironde, Landes)
Gascogne / Pays Basque / Béarn (Pyrénées Atlantiques, Gers, Hautes Pyrénées)

Midi-Pyrénées / Aveyron / Gers (Gers, Hautes Pyrénées, Aveyron, Tarn-et-Garonne, Tarn, Haute Garonne, Ariège, Aude)

Languedoc-Roussillon / Camargue / Pays catalan (Pyrénées orientales, Aude, Hérault, Gard, Lozère, Bouche du Rhône)

Provence Côtes d'Azur (Bouches du Rhône, Vaucluse, Var, Alpes Maritimes, Alpes de Haute Provence)

Corse (Haute Corse, Corse du Sud)

Nord-Pas-de-Calais / Picardie / Flandres (Nord, Pas de Calais, Somme, Oise, Aisne)

Produkte:
Gemüse, Endivien, Zichorienkaffee, geräucherter Knoblauch, Heringe, Kabeljau, Seezunge, Steinbutt, Bückling, Pute, Käse, Bier.

Spezialitäten:
moules (marinières) frites *w pl* (Hauptgericht): Muscheln, die in Weinsud mit Schalotten gedünstet werden. Muscheln werden fast immer mit Pommes frites serviert.
carbonnade *w* (*od.* carbonnade flamande) (Einzelgericht): geschmortes Rindfleisch mit Zwiebeln.
potjevleesch *m* (*od.* Potjevleisch) (Einzelgericht): Stückfleisch (Huhn, Kaninchen, Kalb und Schwein) in Aspik. Dieses kalte Gericht kann mit sehr heißen Pommes frites serviert werden, damit das Gelee leicht schmilzt.
waterzoï *m* (Einzelgericht): Huhn- oder Fischeintopf.
gaufre fourré à la vergeoise *w* (Süßware): mit Rohzucker gefüllte Waffel.
spéculoos *m* (Keks): Spekulatius. Viele Nachtische werden mit Spekulatius zubereitet.
bêtises de Cambrai *w pl* (Bonbon): mit Minze gefüllte Bonbons (inzwischen existieren auch viele andere Geschmacksrichtungen).

Käse:
Boulette d'Avesnes *w*: Kuhmilchkäse, dessen Rinde mit Bier gewaschen wird.

Maroilles *m*: Weichkäse aus Kuhmilch mit goldgelber bis roter Rinde.
Mimolette *w*: Hartkäse aus Kuhmilch, in der Farbe je nach Reife von hell- bis dunkelorange.
Vieux Lille *m* (Nord): Kuhmilchkäse mit starkem Geruch (auch *Puant de Lille* genannt).

Getränke:
Biere: Nordfrankreich bietet eine große Anzahl an Brauereien. Die Biere passen hervorragend zu den in der Region angebotenen deftigen Gerichten.
eau de vie de Genièvre *w*: Wacholderschnaps.

L'Est

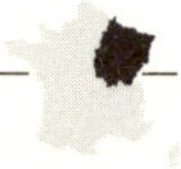

Champagne-Ardenne (Ardennes, Marne, Haute-Marne, Aube)

Produkte:
Wild (Wildschwein, junge Rebhühner), Süßwasserfisch (Forelle, Karpfen, Lachs, Aal, Hecht), Champagner, Wurstwaren.

Spezialitäten:
andouillette de Troyes *w* (Wurstware): Wurst aus Schweinemagen und Schweinedickdärmen, die mit Zwiebeln serviert wird.
jambon d'Ardenne *m* (Wurstware): geräucherter Rohschinken.
boudin blanc de Rethel *m* (Wurstware): weißliche magere Wurst aus Schweine-, Kalb- und Geflügelfleisch, mit Ei, Milch und Semmelbröseln zubereitet.

pied de cochon à la Sainte-Menehould *m* (Wurstware): nach langen Stunden Kochzeit panierter und gegrillter Schweinefuß.
pâté de grive *m* (Wurstware): Drosselpastete.
moutarde de Reims *w* (Senf): Dieser Senf wird mit Champagneressig zubereitet.
biscuits roses de Reims *m* (Keks): harter rosa Keks, den man u. a. in Champagner tunkt, damit er weicher wird.
Bouchon de Champagne *m* (Süßware): mit Champagner-Trester gefüllte Dunkelschokolade, in Form eines Champagnerflaschenkorken.

Getränke:
Champagner

Bourgogne / Beaujolais (Yonne, Côte d'or, Nièvre, Saône et Loire)

Produkte:
Burgunder-Schnecken, Frösche, Fleisch (Charolais-Rind, Bresse-Geflügel, Wild, Schafe), Süßwasserfische (Hecht, Zander, Forelle, Gründling), Pflaumen und getrocknete Pflaumen aus Auxerre, graue Burgunder-Trüffel, schwarze Burgunder-Johannisbeere, Morchel aus Oyonnax, Senf, Wein.

Spezialitäten:
moutarde de Dijon *w* (Senf): Dijon-Senf.
andouillette au Chablis *w* (Wurstware): kleine Kaldaunenwurst mit Chablis-Wein und Dijon-Senf.
jambon persillé de Dijon *m* (Wurstware): in Brühe gekochte Schweineschulter, mit Weißwein, Knoblauch und Petersilie gewürzt und anschließend aus der Form gestürzt.

escargots à la Bourguignonne *m pl* (Vor- oder Hauptspeise): gekochte Schnecken, garniert und in ihren Schalen serviert.
gougère au fromage *w* (Hauptspeise): salziger Windbeutel mit Käse.
boeuf bourguignon *m* (Hauptspeise): in Burgunder-Rotwein geschmortes Rindfleisch, mit Champignons, Speckwürfeln und kleinen Zwiebeln serviert.
coq au Chambertin (*od.* coq au vin) *m* (Hauptspeise): in Burgunder-Rotwein geschmorter Hahn, mit Champignons, Speckwürfeln und kleinen Zwiebeln serviert.
anis de Flavigny *m* (Bonbon): von aromatisiertem Zucker umhüllter Aniskern.
pain d'épice de Dijon *m* (Süßware): Honigkuchen mit kandierten Früchten und Mandeln.

Käse:
Bleu de Bresse *m*: cremiger und milder Blauschimmelkäse aus pasteurisierter Kuhmilch.
Bouton-de-culotte *m*: kleiner runder Ziegenkäse aus Rohmilch, mit grauer Rinde.

Getränke:
Crème de cassis *w*: schwarzer Johannisbeerlikör.
kir *m*: Weißwein mit schwarzem Johannisbeerlikör.
Beaujolais *u.* Beaujolais-village: milder, aromatischer Rotwein.
Bourgogne (Rotwein): mittelkräftiger, aromatischer Rotwein.
Bourgogne (Weißwein *u.* Rosé): zartfruchtiger Weißwein und Rosé.
Bourgogne-aligoté: zarter, fruchtiger Weißwein.
Chablis: trockener, aromatischer Weißwein.
Côtes de Beaune (Rotwein): geschmeidiger, aromatischer Rotwein.

Côtes de Beaune (Weißwein): milder, aromatischer Weißwein.
Mâcon (Weißwein): trockener, fruchtiger Weißwein.
Mâcon (Rotwein): feiner, kräftiger Rotwein.
Petit Chablis: trockener Weißwein.
Pinot blanc: Weißburgunder.
Pinot gris: Grauburgunder.
Pinot noir: Spätburgunder.
Pouilly-Fuissé: intensiver Weißwein (Burgund)

Alsace-Lorraine (Bas-Rhin, Haut-Rhin, Meuse, Meurthe et Moselle, Moselle, Vosges)

Produkte:
Mirabelle, Kohl, Meerrettich, elsässische Wurstwaren, Käse, Bier, Wein.

Spezialitäten:
cervelas d'Alsace *m* (Wurstware): Fleischwurst.
knack d'Alsace *m* (Wurstware): Straßburger.
choucroute (garnie) *w* (Hauptspeise): Sauerkraut mit Würsten, Fleischstücken und Kartoffeln.
tarte flambée *od.* flammenküche *w* (Hauptspeise): Flammkuchen.
quiche lorraine *w* (Hauptspeise): herzhafte Torte mit Speck.
kouglof *od.* kougelhopf *m* (Gebäck): Gugelhupf.
bretzel *m* (Backware): Bretzel.
madeleine de Commercy *w* (Süßware): Madeleine.
strudel *m* (Süßware): Apfelstrudel.

Käse:
Carré de l'Est *m*: milder Kuhmilchkäse.
Munster *m*: runder, kräftiger Weichkäse aus Kuhmilch mit gelber Rinde.

Getränke:

Vittel *w*: Mineralwasser.
Contrex *w*: Mineralwasser.
eau-de-vie mirabelle *w*: Mirabellenschnaps.
eau-de-vie de quetsche *w*: Zwetschgenschnaps.
Biere.
Crémant d'Alsace: trockener Schaumwein.
Gewurztraminer: Gewürztraminer, trockener Weißwein mit etwas höherem Alkoholgehalt.
Riesling: trockener, fruchtiger Weißwein.
Sylvaner: trockener, aromatischer Weißwein.

Franche-Comté / Jura (Haute Saône, Doubs, Jura)

Produkte:

Wild (Reh, Wachtel, Fasan), Süßwasserfische (Forelle, Flusskrebs, Hecht, Krapfen), Wurstwaren, Pilze, Käse, Wein, Liköre, Honig.

Spezialitäten:

soupe à l'oignon *w* (Vorspeise): Zwiebelsuppe.
soupe aux cerises *w* (Vorspeise): geschmacksintensive Kirschsuppe mit Kirschlikör und Croûtons.
gaude *w* (Vorspeise): süße oder salzige gegrillte Maismehlsuppe.
jambon fumé du Haut-Doubs *m* (Wurstware): geräucherter Bergschinken.
saucisse de Morteau *w* (Wurstware): grobe dicke geräucherte Wurst, oft geschnitten serviert.
saucisse de Montbéliard *w* (Wurstware): längliche würzige, leicht geräucherte Wurst.
coq au vin jaune et aux morilles *m* (Hauptspeise): in Weißwein geschmorter Hahn, mit Morcheln serviert.
dragée de Besançon *w* (Süßware): mit farbigem Zucker

umhüllte Röstmandel (zu Hochzeit, Taufe und Kommunion).

pâte de coing *w* (Süßware): Quittengelee.

sèche *w* (Süßware): dünnes rundes Gebäck aus Blätterteig, mit Butter und karamellisiertem Zucker.

Käse:

Cancoillotte *w*: cremiger Kuhmilchkäse aus Dickmilch.

Comté *m*: Hartkäse aus Kuhmilch.

la Vache qui Rit: »Die lachende Kuh«, berühmter Schmelzkäse.

Morbier *m*: Weichkäse aus Kuhvollmilch mit einem Aschestreifen mitten im Käse.

Vacherin Mont d'Or *m*: runder Weichkäse aus Kuhrohmilch, wird nur zwischen dem 15. August und 15. März hergestellt.

Getränke:

eau-de-vie de gentiane *w*: Enzianschnaps.

kirsch de Fougerolles *m*: Kirschlikör aus Fougerolles.

vin de paille: Strohwein.

vin d'Arbois (Rotwein): milder, aromatischer Rotwein.

vin d'Arbois (Weißwein und Rosé): milder, aromatischer Weißwein und Rosé.

Paris / Île-de-France

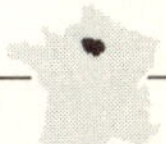

(Paris, Hauts-de-Seine, Val de Marne, Seine-Saint-Denis, Val d'Oise, Seine et Marne, Essonne, Yvelines)

Produkte:

Brot, Lamm, Kaninchen, Gemüse (Spargel, Bohnen, Erbsen, Champignons aus Paris, Kresse aus Méréville),

Minze aus Milly-la-Forêt, Kirsche aus Montmorency, Käse, Kuchen und Torten.

Spezialitäten:

baguette *w* (Brot): Baguette.

brioche de Nanterre *w* (Hefegebäck): süßes Hefegebäck für das Frühstück.

moutarde de Meaux *w* (Senf): Senf nach alter Art mit Weißwein. Es existieren zahlreiche weitere Senf-Spezialitäten.

vinaigre de Meaux *m* (Essig): Es existieren zahlreiche Essig-Spezialitäten.

potage Saint-Germain *m* (Vorspeise): Trockenerbsensuppe mit Salat.

jambon de Paris *m* (Wurstware): Kochschinken.

jambon-beurre *m* (Sandwich): Baguette mit Kochschinken und Butter.

poulet bercy *m* (Hauptspeise): Hähnchen mit einer Weißwein-Schalotten-Sauce.

tartine de Lionel Poilâne *w* (Hauptspeise): belegtes Poilâne-Brot (abgeleitet vom Namen eines berühmten Pariser Bäckers).

pot-au-feu *m* (Einzelgericht): langsam gekochtes Rindfleisch, serviert mit Karotten, Lauch, Rüben, Zwiebeln, Sellerie und einem Stück Knochenmark.

dragées de Melun *w* (Süßware): mit farbigem Zucker umhüllte Röstmandel (zu Hochzeit, Taufe und Kommunion).

macaron *m* (Süßware): Makronen.

crème Chantilly *w* (Süßware): Schlagsahne.

Paris-Brest *m* (Kuchen): Kranz aus Brandteig mit Butter-Mandelcremefüllung.

Saint-Honoré *m* (Kuchen): Kuchen aus Blätterteig mit Füllcreme und Windbeuteln.

tarte Tatin *w* (Nachtisch): gestürzter karamellisierter Apfelkuchen.

Käse:
Brie de Meaux *m*: Kuhmilchweichkäse in runder Form.
Coulommiers *m*: Weichkäse aus Kuhmilch, ähnelt dem Brie.

Getränke:
Clos Montmartre: Weinberge in Paris (Montmartre), Rot- und Weißweine; es werden ca. 2.000 Flaschen pro Jahr produziert.

Normandie

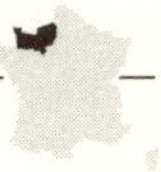

(Manche, Calvados, Orne, Seine Maritime, Eure)

Produkte:
Äpfel, Fische, Hummer, graue Krabbe, Geflügel, Lamm vom Mont Saint-Michel, Krebse, Muscheln, Austern, Milchprodukte (Käse, Butter, Sahne, Milch), Eier, Cidre.

Spezialitäten:
andouille de Vire *w* (Wurstware): dicke geräucherte Kaldaunenwurst.
marmite dieppoise *w* (Vorspeise): mit Cidre, Crème fraîche und Gemüsen (Möhren, Zwiebeln, Lauch) geschmorte Fische und Muscheln.
coquilles Saint-Jacques à la honfleuroise *w pl* (Vorspeise): Jakobsmuscheln, mit Crème fraîche und Calvados gekocht.

tripes à la mode Caen *w pl* (Hauptspeise): Gericht von Kaldaunen, zubereitet mit Karotten, Zwiebeln und Calvados.

omelette de la mère Poulard *w* (Hauptgericht): lange geschlagenes Omelett, in Butter gebraten, Spezialität vom Mont Saint-Michel

gigot de pré-salé rôti à la normande *m* (Hauptspeise): geschmorte Lammkeule, serviert mit einer Cidre-Sahne-Sauce.

petit-suisse *m* (Nachtisch): kleiner runder fetthaltiger Frischkäse.

teurgoule *w* (Nachtisch): Milchreis.

caramel d'Issigny *m* (Süßware): Karamellbonbon.

Käse:

Brillat-Savarin *m*: runder Weichkäse aus roher oder pasteurisierter Milch.

Camembert *m*: runder Weichkäse aus Roh- oder pasteurisierter Kuhmilch.

Livarot *m*: Weichkäse aus Kuhmilch, einer der ältesten Käse aus der Normandie.

Neufchâtel *m*: Weichkäse aus Kuhmilch.

Pont-l'Évêque *m*: gelblicher Weichkäse aus Kuhmilch.

Getränke:

cidre *m*: Apfelwein.

calvados *m* (*od.* calva): Cidre-Schnaps.

Bénédictine *m*: Gewürz- und Kräuterlikör.

pommeau *m*: Apéritif bzw. Digestif aus Apfelsaft und Calvados oder Lambig.

le trou normand *m*: Calvados, der während eines Essens zwischen Wurst und Fleischgerichten getrunken wird.

(Finistère, Côtes d'Armor, Ille et Vilaine, Morbihan)

Produkte:

Schwein, Geflügel aus Janzé, Fische, Meeresfrüchte, Jakobsmuscheln, Austern aus Cancale, Sardinen, Miesmuscheln, Gemüse (Artischocken, Blumenkohl, weiße Bohnen aus Paimpol, Kartoffeln), Erdbeeren aus Plougastel, Zwiebeln aus Roscoff, Maronen aus Redon, Buchweizenmehl, Salzbutter, Cidre.

Spezialitäten:

andouille de Guémené *w* (Wurstware): geräucherte Kaldaunenwurst.

plateau de fruits de mer *m* (Vor- oder Hauptspeise): Meeresfrüchteplatte.

galette *w* (Hauptspeise): dünner Pfannkuchen aus Buchweizen.

cotrillade *w* (Einzelgericht): Fischsuppe mit Fischstücken und Kartoffeln.

Kig ha farz *m* (Einzelgericht): Schmorgericht mit Fleisch, Möhren und Kohl. Eine weitere Zutat des Gerichts ist Buchweizenmehl, das in Stoffsäckchen in der Brühe mitgegart wird.

kouing amann *m* (Butterkuchen aus Douarnenez): zahlreiche Brotteigschichten mit viel Butter und Zucker.

far breton *m* (Nachtisch): Pflaumenkuchen.

craquelin *m* (Gebäck): trockenes Gebäck in Halbkugelform, das z. B. mit Marmelade gegessen wird.

palet breton *m* (Gebäck): kreisförmiger dicker Butterkeks.

galette bretonne *w* (Gebäck): kreisförmiger dünner Butterkeks.

crêpe *w* (Nachtisch): ganz feiner, meist süßer Pfannkuchen.
crêpes dentelles *w* (Gebäck): hauchdünne Waffelröllchen.
caramel au beurre salé *m* (Bonbon): Karamellbonbon mit salziger Butter.

Käse:
Abbaye de Timadeuc *m*: Weichkäse aus pasteurisierter Kuhmilch (einziger bretonischer Käse).

Getränke:
bière *w*: Seit zwei Jahrzehnten eröffnen immer mehr Brauereien. Eine neue Tradition entsteht, und die Brauereien können bereits mit einer großen Auswahl aufwarten.
cidre *m*: Apfelwein.
chouchen *m*: likörartiger Honigwein.
lait ribot *m*: Buttermilch (wird u. a. zu *galettes* und *crêpes* getrunken).
lambig *m*: Cidre-Schnaps.
pommeau *m*: Apéritif bzw. Digestif aus Apfelsaft und Calvados oder Lambig.
whisky *m*: Whisky.

Pays de la Loire, Vendée

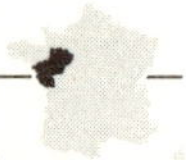

(Loire-Atlantique, Vendée, Maine et Loire, Mayenne, Sarthe)

Produkte:
Hähnchen aus Loué, Geflügel aus Challans, Süßwasserfische (Aal aus der Brière, Hecht), Gemüse (Kartoffeln aus Noirmoutier, Feldsalat aus Nantes, weiße Boh-

nen), Salz aus Noirmoutier und Guérande, Meeresspargel, Wein.

Spezialitäten:

préfou *m* (Brot): Brot mit Knoblauch und Butter.

brioche vendéenne *w* (Hefegebäck): dichter Hefezopf.

gâche vendéenne *w* (Hefegebäck): Hefegebäck mit Crème fraîche und Rum.

rillette du Mans *w* (Wurstware): gekochtes Schweinefleisch im eigenen Fett; wird meist nur mit einem Stück Brot gegessen.

brochet au beurre blanc *m* (Hauptspeise): Hecht, serviert mit Gemüsen (Möhren, Lauch) und einer Schalotten-Butter-Weißwein-Sauce.

jambon de Vendée aux mojettes *m* (Hauptspeise): luftgetrockneter Schinken, mit Möhren und kleinen weißen Bohnen serviert.

pommes et poires tapées *w pl* (Früchte): getrocknete, platt geschlagene Äpfel und Birnen.

bottereaux nantais *m* (Gebäck): frittiertes Teigbällchen.

berlingots nantais *m* (Bonbon): parfümiertes Zuckerbonbon in Tetraederform.

LU (Lefèvre-Utile): Keksfabrik seit 1850. Der Butterkeks (»Véritalbe petit-beurre LU«) wurde 1888 erfunden. Es folgten viele weitere Kekssorten.

Käse:

Curé Nantais *m*: viereckiger oder runder, kräftiger Käse aus roher oder pasteurisierter Kuhmilch.

Getränke:

Cointreau *m*: aus süßen und bitteren Orangen hergestellter Likör.

Guignolet *m*: Kirschlikör.

Anjou (Rotwein): aromatischer Rotwein.

Anjou (Weißwein): fruchtiger Weißwein.
Gros-Plant: trockener, aromatischer Weißwein.
Muscadet: trockener, aromatischer Weißwein.

Centre / Orléanais / Berry

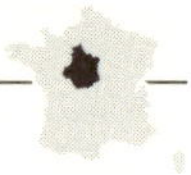

(Eure et Loir, Loir et Cher, Loiret, Indre, Indre et Loire, Cher)

Produkte:
Fleisch (Lamm, Rind, Schaf), Wild (Kaninchen, Fasan, Wildschwein), Süßwasserfische (Gründling, Karpfen, Aal), Flusskrebse, Geflügel (Gans, Huhn, Truthahn), Obst (Kirschen, Äpfel, Quitten, Erdbeeren), bedeutender Gemüseanbau (u.a. berühmt für Kartoffeln und grüne Linsen), Safran, Honig aus Gâtinais, Wein.
In dieser Region werden die berühmten Duralex-Gläser hergestellt (La Chapelle Saint Mésmin).

Spezialitäten:
moutarde *w u.* vinaigre d'Orléans *m*: Senf und Essig aus Orléans.
pâté de Chartres *m* (Vorspeise): Fleischpastete im Teigmantel (mit jungem Rebhuhn- oder Entenfleisch, mit Kalbs- und Schweinefleischfüllung, Geflügelleber, Weißwein, Cognac).
crème de lentilles vertes du Berry *w* (Vorspeise): grüne Linsensuppe.
civet de marcassin *m* (Hauptspeise): Frischlingsragout mit Champignons und kleinen Zwiebeln.
galette de pommes de terre *w* (Beilage): ca. 1 cm dicker runder Kartoffelkuchen mit Ziegenkäse.
pithiviers *m* (Kuchen): runder Blätterteigkuchen mit Mandelfüllung.

tarte tatin *w* (Nachtisch): gestürzter karamellisierter Apfelkuchen.
pralines de Montargis *w pl* (Süßware): Mandeln in einer Zuckerhülle.
Cotignac d'Orléans *m* (Süßwaren): Quittengelee.
Forestine de Bourges *w* (Bonbon): Mandeln und Haselnüsse mit Schokolade, anschließend mit Zucker umhüllt.

Käse:
Billy *m*: Ziegenkäse, in einem Wein- oder Platanenblatt.
Cendré *m*: runder und flacher magerer Kuhmilchkäse, in Asche gewendet.
Crottin de Chavignol *m*: kleiner runder Ziegenkäse.
Pithiviers *m*: Weichkäse aus Kuhmilch.
Sainte-Maure *m*: gerollter Ziegenkäse, durch dessen Mitte ein Strohhalm verläuft, auf dem die AOC-Angaben *(Appellation d'Origine Contrôlée)* verzeichnet sind.

Getränke:
eau-de-vie de poire *w*: Birnenschnaps.
Sancerre (Rotwein): milder, aromatischer Rotwein.
Sancerre (Weißwein *u.* Rosé): trockener, fruchtiger Weißwein und Rosé.

Poitou-Charentes

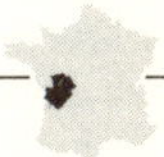

(Deux Sèvres, Vienne, Charente Maritime, Charente)

Produkte:
Fleisch (Enten aus Chalons, Schafe, Rind), Gemüse (Zwiebeln, Lauch, Schalotten, Kartoffeln, Melone,

Kohl, dicke Bohnen), Austern aus Marennes Olérons, Miesmuscheln, Meeresfrüchte, Salz von der Île de Ré, Walnussöl.

Spezialitäten:

melon au Pineau des Charentes *m* (Vorspeise): halbe Melone gefüllt mit Pineau des Charentes.

cagouilles à la Charentaise *m pl* (Hauptgericht): Schmorgericht aus kleinen Schnecken und Wurstfleisch.

mouclade *w* (Hauptspeise): Miesmuscheln in einer Sauce aus Schalotten, Pineau des Charentes, Knoblauch und Crème fraîche.

éclade *w* (Hauptspeise): Auf einem Brett werden Miesmuscheln aufgestellt und mit Piniennadeln bestreut, die angezündet werden und in deren Hitze die Muscheln garen.

tourteau fromager *m* (Gebäck): süß-herzhafter Kuchen mit Ziegenkäse, in typisch runder Form mit schwarzer oberer Hälfte.

angélique confite de Niort *w* (Bonbon): kandierte Engelwurz.

broyers du Poitou *m* (Keks): kleiner runder Butter- und Vanillekeks.

cornuelle (*od.* cornue) *m* (Keks): dreieckiger Mürbeteigkeks mit Aniskörnern an den Ecken.

Käse:

Chabichou *m*: Ziegenkäse in konischer Form.

Port-Salut *m*: Weichkäse aus Kuhmilch, ursprünglich von Trappisten hergestellt.

Getränke:

Pineau des Charentes *m*: Apéritif, Mischung aus Traubensaft und Cognac.

Cognac *m*: Weinbrand.

liqueur d'Angélique de Niort *w*: Engelwurzlikör aus Niort.

Massif Central

Limousin / Corrèze (Haute Vienne, Creuse, Corrèze)

Produkte:
Fleisch (Limousin-Rind, Schwein, Schaf), Wild, Süßwasserfische, Flusskrebse, Champignons, Trüffel, Esskastanien, Kirschen, Heidelbeeren, Wal- und Haselnüsse, Walnussöl, Honig.

Spezialitäten:
moutarde violette de Brive *w* (Senf): lilafarbener Senf mit Most hergestellt.
confit d'oie *m* (Vorspeise): im eigenen Fett eingekochtes Gänsefleisch.
foie gras *m* (Vorspeise): Gänsestopfleber.
jambon de cul noir *m* (Wurstware): Kochschinken vom »Cul-noir«-Schwein.
boudin aux châtaignes *m* (Wurstware): Blutwurst mit Esskastanien in der Füllung.
potée limousine *w* (Einzelgericht): Schweinefleischeintopf ohne Brühe mit Gemüsen serviert (Möhren, Lauch, Kartoffeln, Sauerkraut etc.)
flognarde aux pommes / aux poires *w* (Kuchen): süßer Eierteigkuchen mit Äpfeln oder Birnen (Winter-»clafoutis«)
gâteau de châtaignes *m* (Kuchen): Esskastanienkuchen.
clafoutis aux cerises *m* (Kuchen): süßer Eierteigkuchen mit Kirschen.
madeleine de Saint-Yriex *w* (Gebäck): Madeleine.

Getränke:
cidre *m*: Apfelwein
liqueur de châtaigne *w*: Esskastanienlikör.
liqueur de noix *w*: Walnusslikör.

Auvergne / Cantal (Allier, Cantal, Puy de Dôme, Haute Loire)

Produkte:
Fleisch (Rind, Schwein), Wurstwaren, Geflügel, Wild (Wildschwein, Kaninchen, Reh), Süßwasserfische (Lachs, Forelle), Du-Puy-Linsen, Steinpilze, rosa Knoblauch, Zwiebeln, Schalotten, Kohl, Heidelbeeren, Esskastanien, Eisenkraut aus Velay, Enzian.

Spezialitäten:
soupe aux chou *w* (Suppe): Kohlsuppe.
salade de lentilles vertes du Puy *w* (Vorspeise): Linsensalat mit Speck und Schinken.
jambon sec d'Auvergne *m* (Wurstware): luftgetrockneter Schinken.
saucisse *w u.* saucisson *m* d'Auvergne (Wurstware): luftgetrocknete Wurst, oft in U-Form.
truffade *w* (Einzelgericht): Kartoffelgericht mit Speck und frischem Tomme-Käse.
tripoux aux lentilles *m pl* (Einzelgericht): mit Pansen und Kalbsfleisch gefüllte Pansen, mit Petersilie, Knoblauch und Zwiebeln gekocht.
potée auvergnate *w* (Einzelgericht): Fleischeintopf ohne Brühe, mit Gemüsen serviert (Möhren, Lauch, Kartoffeln, Sauerkraut etc.).
carottes Vichy *w pl* (Beilage): in Mineralwasser (traditionell aus Vichy) gekochte Möhren.

cornet de Murat *m* (Nachtisch): Waffel aus Biskuitteig mit Eis und Schlagsahne.
pâte de fruits *w* (Süßware): Obstgelee.
pastille de Vichy *w* (Bonbon): achteckige Pastille, salzig und süß zugleich, mit Pfefferminzgeschmack.

Käse:
Cantal *m*: halbfester Käse aus Kuhmilch.
Fourme d'Ambert *w*: cremiger Blauschimmelkäse aus Kuhmilch.
Bleu d'Auvergne *m*: Blauschimmelkäse aus Kuhmilch.
Saint-Nectaire *m*: runder halbfester Kuhmilchkäse mit Nussgeschmack.
Salers *m*: Hartkäse aus Kuhrohmilch.
Brique de Pays *w*: rechteckiger Kuh- oder Ziegenweichkäse.

Getränke:
liqueur de racines de gentiane *w*: Enzianwurzellikör.
Verveine du Velay *w*: Eisenkrauttee.
Eau de Volvic *w*: stilles Mineralwasser aus der Vulkanregion um Volvic.
Eau de Vichy *w*: Quellwasser aus der Kurstadt Vichy.

Rhône-Alpes

Savoie (Savoie, Haute Savoie)

Produkte:
Wurstwaren, Süßwasserfische, Früchte (Äpfel, Birnen), Polenta, Nudeln, Käse, Honig, Wein.
Opinel-Messer: In beinahe jeder französischen Hosentasche findet sich ein Messer der Marke »Opinel«, die in Savoyen beheimatet ist.

Spezialitäten:

crozets *m pl* (Beilage): kleine viereckige Nudeln aus Weizen- oder Buchweizenmehl.

fidés *m pl* (Beilage): größere Fadennudeln.

diot *w* (Wurst): in Weißwein und mit Knoblauch marinierte Wurst.

jambon (sec) de Savoie *m* (Wurstware): luftgetrockneter Schinken.

saucisse sèche *w* (Wurstware): luftgetrocknete Salami, meist in U-Form.

fondue savoyarde *w* (Einzelgericht): Käsefondue.

raclette *w* (Einzelgericht): Raclettekäse, im Pfännchen geschmolzen und auf Kartoffeln serviert.

potée savoyarde *w* (Einzelgericht): Fleischeintopf ohne Brühe mit Gemüsen serviert (Möhren, Lauch, Kartoffeln, Sauerkraut etc.).

tartiflette *w* (Einzelgericht): Kartoffeln und Speck, mit Reblochon-Käse überbacken.

civet de lièvre *m* (Hauptspeise): Kaninchenragout.

mat-faim *m* (*od.* matafan) (Hauptspeise): runder Kuchen aus geriebenen Kartoffeln, ab und zu mit Speck.

biscuit de Savoie *m* (Nachtisch): durch Eischnee sehr lockerer Kuchen.

bonbon au miel *m* (Bonbon): Honigbonbon.

Käse:

Beaufort *m*: Bergkäse aus Kuhrohmilch.

Emmental *m*: Kuhrohmilchkäse.

Reblochon *m*: fetthaltiger Weichkäse aus Kuhmilch.

Tomme de Savoie *w*: Bergkäse aus Kuhmilch mit einer grauen Rinde.

Getränke:

Evian *w*: stilles Mineralwasser.

liqueur de génépi *w*: Beifußlikör.

Vin-de-Savoie (Rotwein): kräftiger, aromatischer Rotwein.
Vin-de-Savoie (Weißwein): trockener, aromatischer Weißwein.

Lyonnais (Ain, Rhône, Loire)

Produkte:
Wurstwaren, Frösche, Süßwasserfische (Hecht), Flusskrebse, Gemüse (Kardonen, Lauch), Früchte (Äpfel, Birnen, Weinbergpfirsiche, Erdbeeren, Himbeeren), Käse.

Spezialitäten:
cervelas *m* (Wurstware): Fleischwurst.
jésus de Lyon *m* (Wurstware): hochwertige Salami im Netz.
rosette de Lyon *w* (Wurstware): würzige luftgetrocknete Wurst im Netz aus bestem Schweinefleisch.
foie de veau au vinaigre *m* (Hauptspeise): Kalbsleber, in der Pfanne gebraten, mit einer Essig-Sauce serviert.
tablier de sapeur *m* (Hauptspeise): in Weißwein marinierter Pansen, paniert und gebraten.
quenelle de Brochet *w* (Hauptspeise): längliches Klößchen aus Hechtfleisch.
cardons à la moëlle *m pl* (Hauptspeise): langsam gekochte und im Backofen gratinierte Kardonen mit Knochenmark.
matefin *od.* matefaim *m*: dickere runde *crêpe* mit Apfelstücken.
beignets de fleurs d'acacia *m pl* (Gebäck): frittierte Akazienblüten.
bugnes *w pl* (Gebäck): Krapfen, die früher nur in der Karnevalszeit gebacken wurden.

Käse:
cervelle de Canut *w*: Quark mit Pfeffer, Salz, Knoblauch, Schnittlauch und Zwiebeln.

Getränke:
Badoit *w*: Mineralwasser mit Kohlensäure.

Ardèche (Ardèche)

Produkte:
Esskastanien, Oliven aus Nyons, Olivenöl, Trüffel, Champignons, Früchte (Kirschen, Äpfel, Birnen, Pflaumen), Honig.

Spezialitäten:
jambon sec *m* (Wurstware): luftgetrockneter Schinken.
grattons *m pl* (Wurstware): Grieben(schmalz).
criques ardéchoises *w pl* (Beilage): in der Pfanne gebackene runde Fladen aus geriebenen Kartoffeln.
maouche *w* (Einzelgericht): mit Schweinefleisch und Kohl gefüllter Schweinepansen.
marrons glacés *m pl* (Süßware): kandierte und glasierte Maronen.
crème de marrons *w*: Maronencreme.

Käse:
Saint-Félicien *m*: Weichkäse aus Roh- oder pasteurisierter Milch, mit einem leichten Alkoholaroma, jedoch alkoholfrei!

Dauphiné (Drôme, Isère)

Produkte:

Fleisch, Geflügel (Drossel, Wachtel, junges Perlhuhn), Gemüse (roter Eissalat), Kircherbsen, Knoblauch, Früchte (Pfirsiche, Aprikosen), Esskastanien, Walnüsse aus Grenoble, Käse, Likör.

Spezialitäten:

grenouilles à la dauphinoise *w* (Vorspeise): Froschschenkel mit Weißwein, Champignons und Zwiebel gekocht.

truffade *w* (Hauptspeise): Gericht aus Kartoffeln, Speck und Tomme-Käse.

gratin dauphinois *m* (Beilage): Gratin aus dünnen Kartoffelscheiben, mit Sahne und Knoblauch gekocht.

raviole *w* (Hauptspeise): mit Emmentaler, Frischkäse und Petersilie gefüllte Teigtäschchen.

gâteau aux noix de Grenoble *m* (Nachtisch): Walnusskuchen.

nougat de Montélimar *m* (Süßware): Nougat.

Käse:

Picodon *m*: fetthaltiger Ziegenweichkäse.

Saint-Marcellin *m*: kleiner runder Weichkäse aus Kuhmilch.

Getränke:

Antésite *w*: Süßholzkonzentrat mit natürlichem Anis-Extrakt. Als Getränk werden ein paar Tropfen davon mit Wasser vermischt. Es existieren heute weitere Geschmackrichtungen.

Chartreuse *w*: Kräuterlikör der Kartäusermönche.

liqueur de génépi *w*: Beifußlikör.

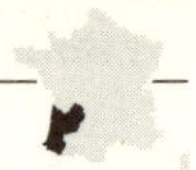

Quercy-Périgord (Lot, Dordogne, Lot et Garonne)

Produkte:

Fleisch (Lamm), Geflügel (Gänse, Enten), Süßwasserfische (Forelle), Flusskrebse, Walnüsse, Walnussöl, Erdbeeren aus dem Périgord, Pflaumen aus Agen, Esskastanien, Steinpilze, Trüffel, Käse, Wein.

Spezialitäten:

tourin *m* (Suppe): Knoblauch- und Brotsuppe.
confit d'oie *od.* de canard *m* (Vorspeise): im eigenen Fett eingekochtes Gänse- oder Entenfleisch.
foie gras de canard *od.* d'oie *m* (Vorspeise): Gänse- oder Entenstopfleber.
magret de canard *m* (Vorspeise): Entenbrustfilet.
cou d'oie farci *m* (Vorspeise): mit Schweine- und Geflügelfleisch, Trüffel und Armagnac gefüllter Gänsehals.
confit de canard *m* (Hauptspeise): im eigenen Fett gekochte Entenschenkel, meist mit in Entenfett gebratenen Kartoffeln serviert.
omelette aux truffes *w* (Hauptspeise): Trüffelomelett.
pommes de terre à la Sarladaise *w pl* (Beilage): in Gänsefett gebratene Kartoffeln mit Steinpilzen.
macaron de Bergerac *m* (Gebäck): Makronen.
pruneaux au chocolat *m* (Süßware): getrocknete Pflaumen in dunkler Schokolade.

Käse:

Cabécou *m*: kleiner runder Ziegenfrischkäse.
Rocamadour *m*: kleiner runder und flacher Ziegenkäse.

Getränke:

vin de noix *m*: Walnusswein (likörartiger Apéritif).
liqueur de noix *w*: Walnusslikör.
Monbazillac: fetter, süßer Weißwein.
Pécharmant: milder Rotwein.
Bergerac (Rotwein): milder, aromatischer Rotwein.
Bergerac (Weißwein *u.* Rosé): trockener, fruchtiger Weißwein und Rosé.
Cahors: intensiver, fruchtiger Rotwein.

Bordelais / Gironde / Landes (Gironde, Landes)

Produkte:

Fleisch (Rind, Lamm), Geflügel (Kapaun), Fische (Glasaal, Seezunge, Dorsch), Kaviar aus der Gironde (Störeier), Austern aus dem Arcachongebiet, Gemüse (Spargel, Möhren), Steinpilze, Honig, Weinessig, Wein.

Spezialitäten:

foie gras de canard *od.* d'oie *m* (Vorspeise): Gänse- oder Entenstopfleber.
omelette aux cèpes *w* (Hauptspeise): Steinpilzomelett.
entrecôte bordelaise *w* (Hauptspeise): gegrilltes Stück Rind, serviert mit einer Rotwein-Sauce.
galette des rois Bordelaise *m* (Kuchen): »Dreikönigskuchen«, Hefekuchen in Galetteform mit kandierten Früchten.
cannelés de Bordeaux *m pl* (Gebäck): Gebäck mit Vanille und Rum (Bordeaux).
macaron de Saint-Émilion *m* (Gebäck): Mandelmakronen.
niniche de Bordeaux *w* (Bonbon): weiche Karamellbonbons.

Getränke:

anisette *w*: Anislikör.

Bordeaux *u.* Bordeaux supérieur (Rotwein): geschmeidiger, milder, aromatischer Rotwein.

Bordeaux *u.* Bordeaux supérieur (Weißwein, Rosé): trockener, milder, aromatischer Weißwein und Rosé.

Entre-deux-mers: trockener, milder, aromatischer Weißwein.

Graves (Rotwein): geschmeidiger, milder, aromatischer Rotwein.

Graves (Weißwein): trockener, milder, aromatischer Weißwein.

Haut-Médoc: ausgewogener, milder, intensiver Rotwein.

Médoc: ausgewogener, milder, aromatischer Rotwein.

Saint-Émilion: vollmundiger, intensiver Rotwein.

Sauternes: edelsüßer Weißwein.

Gascogne / Pays Basque / Béarn (Pyrénées Atlantiques, Gers, Hautes Pyrénées)

Produkte:

Fleisch (Lamm, Schwein, Rind), Fisch (roter Thunfisch, Anchovis, Forelle), Gemüse (weiße Bohnen, Tomaten), Früchte (Kirschen, Feigen), Maismehl, Chili-Pfeffer aus Espelette, Honig.

Spezialitäten:

foie gras de canard *m* (Vorspeise): Entenstopfleber.

confit d'oie *od.* de canard *m* (Vorspeise): im eigenen Fett eingekochtes Gänse- oder Entenfleisch.

sanguette *w* (Vorspeise): Galette aus Speck oder Schinken und Geflügelblut, in Scheiben auf Brot serviert.

sauce béarnaise *w* (Sauce): Béarner Sauce aus Eigelb und Butter, mit Schalotten und Estragon.

jambon de Bayonne *m* (Wurstware): rot-rosafarbener luftgetrockneter Schinken.
cassoulet de Castelnaudary *m* (Einzelgericht): Eintopf mit weißen Bohnen und Fleisch (meist Lamm).
gâteau basque *m* (Kuchen): Sandkuchen mit Kirschkonfitüre oder Rum-Vanille-Füllung.
chocolat de Bayonne *m* (Süßware): Dunkelschokolade, u. a. mit Zimt oder Vanille-Geschmack.

Käse:
fromage de brebis avec de la confiture de cerises noires *m*: Schafskäse serviert mit Schwarzkirschkonfitüre.
Ossau Iraty *m*: Käse aus Schafsrohmilch.

Getränke:
Armagnac *m*: Weinbrand.
Izarra *w*: Kräuterlikör.
Jurançon: trockener, fruchtiger, süßer Weißwein.

Midi-Pyrénées / Aveyron / Gers

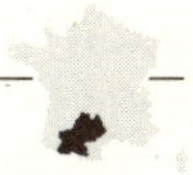

(Gers, Hautes Pyrénées, Aveyron, Tarn-et-Garonne, Tarn, Haute Garonne, Ariège, Aude)

Produkte:
Fleisch (Rind, Kalb, Lamm, Pferd), Wurstwaren, Geflügel (Gänse), Süßwasserfische (Forelle, Hecht, Karpfen), Gemüse (Spargel, Bohnen, Spinat), rosa Knoblauch aus Lautrec, weißer Knoblauch, Zwiebeln, Maismehl, Mandeln.
In dieser Region werden die berühmten Laguiole-Messer hergestellt – traditionell gefertigte, hochwertige Jagd- und Allzweckmesser, die in einigen Varianten inzwi-

schen auch auf vielen französischen Tischen zu finden sind.

Spezialitäten:

saucisse de Toulouse *w* (Wurstware): rote magere Wurst, die im Cassoulet serviert wird.

cassoulet de Toulouse *m* (Einzelspeise): Eintopf mit weißen Bohnen und Fleisch (Wurst aus Toulouse, Lamm oder Kalb, roher Schinken).

cassoulet de Carcassonne *m* (Einzelspeise): Eintopf mit weißen Bohnen und Fleisch (Lammkeule und Feldhuhn, je nach Saison).

tripoux du Rouergue *m pl* (Hauptspeise): Kaldaunen.

millas *m* (Kuchen): süßer Maismehlkuchen.

Berlingot de Cauterets *m* (Bonbon): gestreiftes und dreieckiges Bonbon aus Zucker.

cachou Lajaunie *m* (Bonbon): Süßholzpastille, präsentiert in einer kleinen, runden, gelben Box.

violette de Toulouse *w* (Süßware): in Zuckersirup getunktes Veilchen.

Käse:

Bassez *m*: kleiner Ziegenkäse.

Laguiole *m*: Blauschimmelkäse aus Kuhmilch.

Roquefort *m*: Schafsblauschimmelkäse.

Languedoc-Roussillon / Camargue / Pays catalan

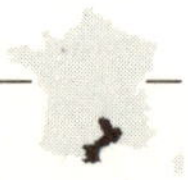

(Pyrénées orientales, Aude, Hérault, Gard, Lozère, Bouche du Rhône)

Produkte:

Fleisch (Bulle aus der Camargue), Geflügel, Fische, bedeutender Gemüseanbau, Austern aus Bouzigue, roter Reis aus der Camargue, Früchte (Aprikosen, Kirschen aus Céret), Mandeln, Anchovis aus Collioure, Oliven, Olivenöl, Süßholz, Honig, Salz aus der Camargue, Weinessig aus Banyuls, Wein.

Spezialitäten:

boutifar *od.* boutifarra *m* (Wurstware): sehr würzige Blutwurst.

soupe aux baraquets *m* (Suppe): sehr langsam gekochte Suppe mit Bohnen *(baraquet)*, Kartoffeln und Kalbfleisch.

melon au muscat *m* (Vorspeise oder Nachtisch): halbe Melone gefüllt mit Muscat (Süßwein).

cassoulet de Carcassonne *m* (Einzelspeise): Eintopf mit weißen Bohnen und Fleisch (Lammkeule und Feldhuhn, je nach Saison).

bourride *w* (Einzelgericht): Fischsuppe mit viel Knoblauch.

brandade de morue *w* (Hauptspeise): Stockfischgericht.

pinyata de Collioure *w* (Hauptspeise): Gericht aus Kalmar, kleinen Krabben, Langustinen, Felsenfischen und Tomaten.

tarte aux abricots *m* (Nachtisch): Aprikosentorte.

réglisse d'Uzes *w* (Süßware): Lakritz.

touron *m* (Süßware): Mandel-Honig-Nougat.

coque catalane *w* (Gebäck): längliches oder ovales Gebäck, mit salziger oder süßer Füllung.

Getränke:

Perrier *m*: Mineralwasser mit Kohlensäure.

Byrrh *m*: Apéritif aus mit Chinarinde aromatisiertem Wein.

vin doux naturel (Banyuls, Muscat, Frontignan) *m*: Süßwein.

(Bouches du Rhône, Vaucluse, Var, Alpes Maritimes, Alpes de Haute Provence)

Produkte:

Fische, Felsenfische, bedeutender Gemüseanbau (Melonen aus Cavaillon, kleine lila Artischocken, Tomaten, Zucchini, Auberginen, Paprika, Bohnen), Knoblauch, Oliven, Früchte (Erdbeeren aus Carpentras, Kirschen aus Remoulins, Aprikosen, Nektarinen, Pfirsiche, Feigen, Zitronen), Mandeln, Lavendelhonig, Kräuter der Provence.

Spezialitäten:

fougasse *w* (Brot): großes gitterförmiges flaches Olivenbrot (mit Oliven, Kräutern etc.).

tapenade *w*: pürierte grüne oder schwarze Oliven mit Anchovis und Kapern. Wird zu Gemüsen und kaltem Fisch serviert oder auf Brot und Gebäck gestrichen.

anchoïade *w* (sauce): Sauce mit Anchovis und Olivenöl.

pain bagnat *m* (Sandwich): Brot mit Gemüsen und Thunfisch oder Anchovis (Provence).

soupe au pistou *w* (Suppe): Suppe mit Bohnen, Sommergemüse, Basilikum mit einer cremigen Sauce aus Basilikum, Pinienkernen und Knoblauch.

artichauts à la barigoule *m* (Vorspeise): kleine Artischocken, mit Schinken und Gemüsen gefüllt, in Weißwein gegart.

bouillabaisse *w* (Einzelgericht): Fischeintopf, mit Fischen aus dem Mittelmeer, Tomaten und Safran gekocht. Er wird mit *rouille* serviert, einer scharfen Sauce.

ratatouille *w* (Hauptspeise): Schmorgericht aus Tomaten, Zucchini, Auberginen, Paprika, Knoblauch, Zwiebeln und Thymian.

aïoli *m* (Hauptgericht): Knoblauchma yonnaise, wird zu Gemüsen und Fisch serviert.

brandade de morue *w* (Hauptspeise): Stockfischgericht.
salade niçoise *w* (Salat): Salat aus hart gekochten Eiern, Tomaten, Gurken, Artischocken, Paprika, Anchovis und schwarzen Oliven.
tomates à la provençale *w pl* (Beilage): halbierte Tomate, mit Petersilie und Knoblauch in der Pfanne gebraten.
pissaladière *w* (Art Pizza): Teig mit Anchovis, Oliven, Zwiebeln und Knoblauch belegt.
calisson d'Aix *m* (Süßware): Konfekt aus kandierter Melone und Mandeln, in Schiffchenform.
fruits confits d'Apt *m pl* (Süßware): kandierte Früchte.
navette de Marseille *w* (Gebäck): Orangenblütenwassergebäck in Schiffchenform.
les 13 desserts de Noël *m pl* (Nachtisch): »die 13 Weihnachtsnachtische«, *fougasse*, frische Früchte, Nougat (schwarz und weiß), *mendiants* (Walnüsse, Haselnüsse, getrocknete Feigen, Mandeln, getrocknete Trauben).

Käse:
Banon *m*: Ziegenkäse, in ein Kastanienbaumblatt eingewickelt.
Brousse *w*: frischer Schafskäse.

Getränke:
Pastis *m*: Anislikör, wird mit Wasser vermischt.

Corse

(Haute Corse, Corse du Sud)

Produkte:
Fische (Meeräsche, Rotbarbe), Langustinen, Seeigel, Wildschwein, Wurstwaren, Esskastanien, Esskasta-

nienmehl, Zitrusfrüchte, Oliven, Olivenöl, Kräuter, Käse, Kastanienhonig, Wein.

Spezialitäten:

coppa *w* (Wurstware): getrocknetes und geräuchertes Schweinenackenstück, mit Wein und Pfeffer gewaschen.

ficatellu *m* (Wurstware): Wurst aus Schweineleber, wird frisch oder trocken gegessen.

prisuttu *m* (Wurstware): roher Schinken.

lonzu *m* (Wurstware): halbgetrocknetes, mageres Schweinefilet.

terrine de sanglier *w* (Wurstware): Wildschweinterrine.

pâté de merles *w* (Wurstware): Amselpastete.

soupe de pois chiche *w* (Suppe): Kichererbsensuppe mit Schweinefleisch.

soupe de poisson *m* (Suppe): Fischsuppe.

cabri en ragoût *m* (Hauptspeise): Zickleinragout.

courgettes farcies *w pl* (Hauptgericht): gefüllte Zucchini.

gâteau à la farine de châtaigne *m* (Kuchen): mit Esskastanienmehl zubereiteter Kuchen.

cédrat confit *m* (Süßware): kandierte Zitronatzitrone.

Käse:

Fleur du maquis (*od.* brin d'amour) *m*: Ziegenkäse mit einer Rinde aus korsischen Kräutern.

Niolo *m*: würziger Weichkäse aus Ziegenrohmilch in viereckiger Form.

Brocciu *m*: Ziegen- oder Schafsrohmilchkäse, frisch oder halb trocken.

Getränke:

Cédratine *w*: Zitronatzitronenlikör.

liqueur de myrte *w*: Myrtenlikör.

Vin-de-Corse (Rotwein): fruchtiger, milder Rotwein.

Vin-de-Corse (Weißwein *u.* Rosé): milder Weißwein und Rosé.

Französisch - Deutsch

AB (agriculture biologique)	Qualitätssiegel für Bio-Produkte
abats *m pl*	Innereien
Abbaye de Timadeuc *m*	Weichkäse aus pasteurisierter Kuhmilch (Bretagne)
abricot *m*	Aprikose
accommoder	vorbereiten, zubereiten
achats *m pl*	Einkäufe
acheter	einkaufen
acide	sauer
acidulé	säuerlich
âcre	herb, bitter
additif *m*	Zusatz
addition *w*	Rechnung
affinage *m*	Reifung
agar-agar *m*	Agar-Agar, Geliermitter aus Algenextrakt
agneau *m*	Lamm
- agneau pascal *m*	Osterlamm
agrume *m*	Zitrusfrucht
aigre-doux	süßsauer
aiguillette *w*	spitz zugeschnittenes Stück Fleisch
ail *m*	Knoblauch
- ail aux ours *m*	Bärlauch
- ail rose *m*	milder und aromatischer Knoblauch
aile *w*	Flügel
aileron *m*	Flügelspitze
aïoli (*od.* ailloli) *m*	Knoblauchmayonnaise, wird zu Gemüse und Fisch serviert (Südfrankreich)

airelle *w*	Blaubeere, Heidelbeere
alcool *m*	Alkohol
- alcool anisée *m*	Anisalkohol
- alcool de poire *m*	Birnenschnaps
alcoolique	alkoholisch
alcoolisé	mit Alkohol
algue *w*	Alge
aliment *m*	Lebensmittel
alimentation *w*	Ernährung, Lebensmittelladen
allégé	fettarm
allumettes *w pl*	Blätterteigstangen, Schinken in dünnen Streifen
alouette *w*	Lerche
amande *w*	Mandel
- amande en poudre *w*	Mandelpulver
- amandes effilées *w pl*	gehobelte Mandeln
- amande entière	ganze Mandel
- pâte d'amande *w*	Marzipan
- amande amer *w*	Bittermandel
- en bâtonnets *w*	gestiftete Mandeln
amande de mer *w*	Meermandel
amer	bitter
américaine (à l') *w*	Fischsoße mit Tomaten, Schalotten, Zwiebeln und Weißwein
amidon *m*	Stärke
amuse-bouche (*od.* amuse-gueule) *m*	Appetithäppchen
ananas *m*	Ananas
anchoïade *w*	Sauce mit Anchovis und Olivenöl (Südfrankreich)
anchois *m*	Anchovis
ancienne (à l')	auf traditionelle Art zubereitet
andouille *w*	dicke Kaldaunenwurst, meist kalt serviert (berühmt: aus Guéméné)
- andouille de Guéméné *w*	geräucherte Kaldaunenwurst (Bretagne)

- andouille de Vire *w*	dicke geräucherte Kaldaunenwurst (Normandie)
andouillette *w*	kleine Kaldaunenwurst, meist gebraten
- andouillette au Chablis *w*	kleine Kaldaunenwurst mit Chablis-Wein und Dijon-Senf (Burgund)
- andouillette de Troyes *w*	Wurst aus Schweinemagen und Schweinedickdärmen, die mit Zwiebeln serviert wird (Est)
aneth *m*	Dill
angélique confite de Niort *w*	kandierte Engelwurz (Deux-Sèvres)
anglaise (à l')	in Dampf gegart
anguille *w*	Aal
animal *m*	Tier
anis *m*	Anis
- anis de Flavigny *m*	von aromatisiertem Zucker umhüllter Aniskern (Burgund)
- anis étoilé *m*	Sternanis
- anis vert *m*	Anis
anisette *w*	Anislikör
Anjou (Rotwein)	aromatischer Rotwein (Loiretal)
Anjou (Weißwein)	fruchtiger Weißwein (Loiretal)
Antésite *w*	Süßholzkonzentrat mit natürlichem Anis-Extrakt. Als Getränk werden ein paar Tropfen davon mit Wasser vermischt. Es existieren heute weitere Geschmackrichtungen. (Isère)
AOC (apellation d'origine contrôlée) *w*	französische gesetzlich geschützte Herkunftsbezeichnung

AOP (apellation d'origine protégée) *w*	europäische gesetzlich geschützte Herkunftsbezeichnung
apéritif (*od.* apéro) *m*	Apéritif; nicht nur ein Getränk, sondern auch die Zeit vor einem Essen, wo man ein meist akoholisches Getränk zu sich nimmt und dazu Knabbergebäck isst
appareil à raclette *m*	Raclettegrill
arachide *w*	Erdnuss
araignée *w*	Meerspinne; sehr feines Stück Rind
arête *w*	Gräte
Armagnac *m*	Weinbrand (Gascogne)
aromate *m*	Gewürz
aromatisé, e	aromatisiert
arôme *m*	Aroma
arrivage *m*	Lieferung
artichaut *m*	Artischocken
- artichaut violet *m*	kleine lilafarbige Artischokensorte aus der Provence
- artichauts à la barigoule *m*	kleine Artischocken, mit Schinken und Gemüse gefüllt, in Weißwein gegart (Südfrankreich)
artificiel	künstlich
artisan *m*	Handwerker
artisanal	handwerklich, nicht industriell
asperge *w*	Spargel
- asperge verte (*od.* sauvage) *w*	grüner Spargel
aspic *m*	Sülze
assaisonnement *m*	Salatsauce, Würze
assaisonner	würzen
assiette *w*	Teller
assortiment	Auswahl, Zusammenstellung
aubergine *w*	Aubergine
aumônière *w*	gefülltes Crêpes-Täschchen

autruche *w*	Strauß
avocat *m*	Avocado
avoine *m*	Hafer
baba au rhum *m*	kleiner Hefenapfkuchen mit Sirup und Rum getränkt
babeurre *m*	Buttermilch
bacon *m*	geräuchertes Schweinefilet
Badoit *w*	Mineralwasser mit Kohlensäure (Loire)
baguette *w* (normale)	Baguette
- traditionnelle	Baguette auf alte Art
- viennoise	Süßbrot in Form eines Baguettes
- épi	Baguette in Form eines Weizenkolbens
baie *w*	Beere
- baies de genièvre *w pl*	Wacholderbeeren
- baies roses *w pl*	Rosa Pfeffer
bain-marie *m*	Wasserbad
balance *w*	Waage
ballotin de chocolat *m*	Pralinenschachtel
ballottine de volaille *w*	gerolltes und gefülltes Stück Fleisch oder Fisch
banane *w*	Banane
- bananes sautées flambées *w pl*	gebratene, flambierte Bananen
Bandel (Weißwein *u.* Rosé)	intensiver, trockener Weißwein und Rosé (Provence)
Bandol (Rotwein)	milder Rotwein (Provence)
Banon *m*	Ziegenkäse, in ein Kastanienbaumblatt eingewickelt (Provence)
Banyuls (rot *u.* weiß)	intensiver Süßwein (Languedoc-Roussillon)
bar (*od. im Süden:* loup de mer) *m*	Seebarsch
bar *m*	Kneipe
barbe à papa *w*	Zuckerwatte
barbecue *m*	Grill

barbue *w*	Glattbutt
barquette *w*	Schälchen
barre céréale *w*	Müsliriegel
bar-tabac *m*	Kneipe, in der man auch Zigaretten kaufen kann
basilic *m*	Basilikum
Bassez *m*	kleiner Ziegenkäse (Aveyron)
bâtard *m*	halbes Pfund Brot
bâtarde, sauce *w*	Buttersauce mit Zitrone
batavia *f*	Eissalat
bâton de cannelle *m*	Zimtstange
bâtonnet *m*	Stiel
bavarois *m*	Gebäck mit bayerischer Creme
bavette *w*	Stückfleisch aus der Dünnung
béarnaise, sauce *w*	Béarner Sauce aus Eigelb und Butter, mit Schalotten und Estragon
Beaufort *m*	Bergkäse aus Kuhrohmilch (Savoyen)
Beaujolais *u.* Beaujolais-village	milder, aromatischer Rotwein (Burgund)
béchamel, sauce *w*	Bechamelsauce
beefsteack *m*	Beefsteak
beignet *m*	gefüllte Teigtäschchen, in der Fritteuse gebacken
- beignets de fleurs d'acacia *m pl*	frittierte Akazienblüten (Lyonnais)
Bergerac (Rotwein)	milder, aromatischer Rotwein (Südwest-Frankreich)
Bergerac (Weißwein *u.* Rosé)	trockener, fruchtiger Weißwein und Rosé (Südwest-Frankreich)
berlingot *m*	dreieckiges Bonbon aus Zucker
- berlingot de Cauterets *m*	gestreiftes und dreieckiges Bonbon aus Zucker (Midi-Pyrénées)
- berlingots nantais *m*	parfümiertes Zuckerbonbon in Tetraederform (Loire-Atlantique)

bernique *w*	Napfschnecke
bêtises de Cambrai *w pl*	mit Minze gefüllte Bonbons (heute existieren auch viele andere Geschmacks-richtungen) (Nord)
bette (*od.* blette) *f*	Mangold
betterave rouge *w*	rote Beete
beurre blanc *m*	weiße Buttersauce
beurre *m*	Butter
- beurre baratte *m*	Butter aus dem Butterfass
- beurre de cacao *m*	Kakaobutter
- beurre demi-sel *m*	salzige Butter
- beurre doux *m*	Butter ohne Salz
- beurre fondu *m*	geschmolzene Butter
bicarbonate de soude *m*	Bicarbonat
biche *w*	Hirschkuh
bien cuit	durchgebraten
bière *w*	Bier
- ambrée *w*	rotes Bier
- bière sans alcool *w*	alkoholfreies Bier
- blanche *w*	sehr helles (»weißes«) Bier
- blonde *w*	Pils
- bouteille *w*	Bierflasche
- brune *w*	dunkles Bier
- monaco *m*	Pils mit Grenadinesirup
- panaché *m*	Bier mit Limo
- picon bière *m*	Bier mit 3 cl Picon gemischt, ein Bitteraperitif
- pression *w*	Bier vom Fass
- un demi *m*	Pils
bifteck *w*	Steak
bigorneau *m*	Strandschnecke
Billy *m*	Ziegenkäse, in einem Wein- oder Platanenblatt (Zentrum)
biologique *od.* bio	biologisch
biscotte *w*	Zwieback
biscuit *m*	Keks

französisch - deutsch

- biscuit à la cuiller *m*	Löffelbiscuit
- biscuit enrobé *m*	überzogener Keks
- biscuit fourré *w*	gefüllter Keks
- biscuit mœlleux *m*	zarter Keks
- biscuit de Savoie *m*	durch Eischnee sehr lockerer Kuchen (Savoyen)
- biscuit roses de Reims *m*	harter rosa Keks, den man u. a. in Champagner tunkt, damit er weicher wird (Est)
biscuiterie *w*	Gebäckladen
bisque *w*	Suppe aus Krusten
bistrot *m*	Bistro, Kneipe
blanc de blanc	Wein oder Schaumwein, der nur aus weißen Trauben hergestellt wird
blanc *m* (Geflügel)	Filet, Lende
blanchaille *w*	Weißfisch
blanche, sauce *w*	mit Fleischbrühe zubereitete Sauce
blanc-manger *m*	mit Milch, Mandeln und Zucker zubereitetes Gelee
blanquette de veau *w*	Kalbsfrikassee mit weißer Sauce
blé *m*	Weizen
Bleu *m*	Blauschimmelkäse
- Bleu d'Auvergne *m*	Blauschimmelkäse aus Kuhmilch (Auvergne)
- Bleu de Bresse *m*	mild-cremiger Blauschimmelkäse aus pasteurisierter Kuhmilch (Burgund)
bleu	kurz gebraten auf beiden Seiten, lauwarm in der Mitte
bœuf *m*	Rind, Rindfleisch
- bœuf à la ficelle *m*	in Gemüsebrühe gekochtes Stück Rinderfilet
- boeuf bourguignon *m*	in Burgunder-Rotwein geschmortes Rindfleisch, mit Champignons, Speck-

	würfeln und kleinen Zwiebeln serviert (Burgund)
- bœuf en daube *od.* boeuf braisé *m*	Rinderschmorbraten
boisson *w*	Getränk
- boisson alcoolisée *w*	alkoholisches Getränk
- boisson chaude *w*	warmes Getränk
- boisson gazeuse *w*	Sprudelgetränk
- boisson sans alcool *w*	Getränk ohne Alkohol
boîte de conserve *w*	Konservendose
bol *m*	Schale, aus der morgens Kaffee getrunken wird
bolée *w*	Schälchen mit Cidre; Inhalt eines Bols
bolet *m (od.* cèpe*)*	Steinpilz
bon appétit !	Guten Appetit!
bonbon *m*	Bonbon
- bonbon au chocolat *m*	Praline
- bonbon au miel *m*	Honigbonbon
bonne femme (à la) *w*	einfaches Gericht
Bordeaux *u.* Bordeaux supérieur (Rotwein)	geschmeidiger, milder, aromatischer Rotwein (Bordeaux)
Bordeaux *u.* Bordeaux supérieur (Weißwein, Rosé)	trockener, milder, aromatischer Weißwein und Rosé (Bordeaux)
botte (d'oignons) *w*	Bund (Zwiebeln)
bottereaux nantais *m*	frittiertes Teigbällchen (Pays de la Loire)
Bottin Gourmand	Gastronomieführer
bouchée à la Reine *w*	»Königinpastete«, mit Fleisch gefüllte Blätterteigpastete
boucher *m*	Metzger
boucherie *w*	Metzgerei
boucherie chevaline *w*	Pferdemetzgerei
Bouchon de Champagne *m*	mit Champagner-Trester gefüllte Dunkelschokolade in Form eines Champagnerflaschenkorkens (Est)

bouchon *m*	Korken u. kleines, typisches Restaurant in Lyon
bouchot *m*	Holzpfosten, an denen Miesmuscheln gezüchtet werden
boudin blanc *m*	weißliche, magere Wurst, aus Schweine-, Kalb- und Geflügelfleisch, mit Ei, Milch und Semmelbröseln zubereitet
boudin noir *m*	Blutwurst
- boudin aux châtaignes *m*	Blutwurst mit Esskastanien in der Füllung (Massif Central)
- boudin noir aux pommes *w*	Blutwurst mit Apfel serviert
boudoir *m*	Löffelbiscuit mit Kristallzucker
bouillabaisse *w*	Fischeintopf, mit Fischen aus dem Mittelmeer, Tomaten und Safran gekocht. Er wird mit *rouille* serviert, einer scharfen Sauce (Südfrankreich)
bouillant	kochend heiß
bouilli	gekocht
bouillie *w*	Brei
bouillon de légumes *m*	Gemüsebrühe
bouillon de poule *m*	Hühnerbrühe
boulanger *m*	Bäcker
boulangère *w*	Brotverkäuferin
boulangerie *w*	Bäckerei
boulangerie-pâtisserie *w*	Bäckerei-Konditorei
Boulette d'Avesnes *w*	Kuhmilchkäse, dessen Rinde mit Bier gewaschen wird (Flandern)
boulette *w*	Fleischbällchen
boulgour *m*	Bulgur
bouquet garni *m*	Kräutersträußchen (Petersilie, Thymian, Lorbeerblatt)

bouquet *m*	große Krevette, Krabbe; Blume (Wein)
Bourgogne (Rotwein)	mittelkräftiger, aromatischer Rotwein (Burgund)
Bourgogne (Weißwein *u.* Rosé)	zartfruchtiger Weißwein und Rosé (Burgund)
Bourgogne-aligoté	zarter, fruchtiger Weißwein (Burgund)
bourguignon *m*	Fleischstücke zum Schmoren
bourriche d'huîtres *w*	Austernkorb
bourride *w*	Fischsuppe mit viel Knoblauch (Languedoc-Roussillon)
bouteille *w*	Flasche
boutifar *od.* boutifarra *m*	sehr würzige Blutwurst (Pays Catalan)
boutique *w*	Laden
Bouton-de-culotte *m*	kleiner runder Ziegenkäse aus Rohmilch, mit grauer Rinde (Burgund)
boyau *m*	Darm
braisé	gedämpft, geschmort
brandade de morue *w*	Stockfischgericht (Provence)
brasserie *w*	Brauerei, Café-Restaurant
brebis *w*	Schaf
brème *w*	Bresse
bretzel *m*	Bretzel (Alsace-Lorraine)
brick (feuille de) *w*	Filoteig
Brie *m*	Kuhmilchweichkäse in runder Form (Île-de-France)
Brillat-Savarin *m*	runder Weichkäse aus roher oder pasteurisierter Milch (Normandie)
brioche *w*	süßes Hefegebäck für das Frühstück
- brioche tranchée (*od.* en tranche)	Brioche, bereits geschnitten
- brioche tressée	Hefezopf
- briochette *w*	kleine Brioche

- brioche de Nanterre *w*	süßes Hefegebäck für das Frühstück (Île-de-France)
- brioche vendéenne *w*	dichter Hefezopf (Vendée)
Brique de Pays *w*	rechteckiger Kuh- oder Ziegenweichkäse (Auvergne)
brique *w*	Tetrapack
Brocciu *m*	Ziegen- oder Schafsrohmilchkäse, frisch oder halb trocken (Korsika)
brochet au beurre blanc *m*	Hecht, serviert mit Gemüsen (Möhren, Lauch) und einer Schalotten-Butter-Weißwein-Sauce (Pays de la Loire)
brochet *m*	Hecht
brochette *w*	Spieß
brocoli *m*	Broccoli
Brousse *m*	frischer Schafskäse (Provence)
broyers du Poitou *m*	kleiner runder Butter- und Vanillekeks (Charente Maritime)
brugnon (*od.* nectarine) *m*	Nektarine
bûche de Noël *w*	Weihnachtscreme-Roulade in Form eines Baustamms
buffet *m*	Buffet
bugnes *w pl*	Krapfen, die früher nur in der Karnevalszeit gebacken wurden (Lyonnais)
bulot *m*	Wellhornschnecke
buvette *w*	Theke, Getränkekiosk oder kleine Bar bei öffentlichen Veranstaltungen
Buzet	intensiver, aromatischer Rot-, Weiß-, oder Roséwein (Südwest-Frankreich)
Byrrh *m*	Apéritif aus mit Chinarinde aromatisiertem Wein (Pays Catalan)

cabas *m*	Einkaufstasche
Cabécou *m*	kleiner runder Ziegenfrischkäse (Quercy-Périgord)
cabillaud *m* (*od.* morue)	Kabeljau, Dorsch
cabri *m*	Zicklein
- cabri en ragoût *m*	Zickleinragout (Korsika)
cacahuète *w*	Erdnuss
cacao *m*	Kakao
- cacao en poudre	Kakaopulver
cachou Lajaunie *m*	Süßholzpastille, präsentiert in einer kleinen runden, gelben Box (Toulouse)
caddy *m*	Einkaufswagen
café (Ort) *m*	Café
café *m*	Kaffee
- café (noir *od.* petit noir) *m*	Espresso, ohne Milch, ohne Zucker
- café allongé *m*	großer Kaffee (aber trotzdem kleiner als in Deutschland)
- café au lait *m*	Milchkaffee
- café crème *m*	Espresso mit ein bisschen Milch oder Sahne
- café décaféiné	entkoffeiniert
- café double *m*	doppelter Espresso
- café en grains *m pl*	Kaffeebohnen
- café en poudre *m*	Kaffepulver
- café filtre *m*	Kaffeefilter
- café liégeois *m*	Eiskaffee
- café moulu	gemahlen
- café soluble *m*	löslicher Kaffee
- chicorée *w*	Kaffeeersatz
cafetière *w*	Kaffeemaschine
cagouilles à la Charentaise *m pl*	Schmorgericht aus kleinen Schnecken und Wurstfleisch (Charente Maritime)
Cahors	intensiver, fruchtiger Rotwein (Südwest-Frankreich)
caille *w*	Wachtel
- caille aux raisins *w*	Wachtel mit Trauben serviert

französisch - deutsch

cailler	gerinnen
caisse *w*	Kasse
cake *m*	viereckiger Kuchen, ursprünglich mit Rosinen und kandierten Früchten, heute oft mit diversen Zutaten, auch in salzigen Varianten
calamar *m* (*od.* calmar)	Kalmar
calibre (*od.* cal.) *m*	Kaliber, Durchmesser
calisson d'Aix *m*	Konfekt aus kandierter Melone und Mandeln, in Schiffchenform (Aix-en-Provence)
calvados (calva) *m*	Apfelbranntwein (aus der Normandie)
Camembert *m*	runder Weichkäse aus Roh- oder pasteurisierter Kuhmilch (Normandie)
camomille *w*	Kamille
campagnard	ländlich
canapé *m*	Kanapee
canard *m*	Ente, Erpel
- canard à l'orange *m*	gebratene Ente mit Orangen
- foie gras *m*	Stopfleber, Leberpastete
- magret *m*	Entenbrust
Cancoillotte *w*	cremiger Kuhmilchkäse aus Dickmilch (Franche-Comté)
cane *w*	Enteweibchen
canette (Getränk) *w*	Dose
canette *w*	kleine Entenweibchen
canetton *m*	kleines Entenjunges
cannelés de Bordeaux *m pl*	Gebäck mit Vanille und Rum (Bordeaux)
cannelle *w*	Zimt
- bâton de cannelle *m*	Zimtstange
- cannelle en poudre *w*	Zimtpulver
Cantal *m*	halbfester Käse aus Kuhmilch (Auvergne)
câpre *w*	Kaper
caquelon *m*	Fonduetopf

carafe *w*	Karaffe
- carafe d'eau *w*	Wasserkaraffe
caramel *m*	Karamell
- caramel au beurre salé *m*	Karamellbonbon mit salziger Butter (Bretagne)
- caramel d'Issigny *m*	Karamellbonbon (Normandie)
caramélisé	karamellisiert
carbonnade *w* (*od.* carbonnade flamande)	geschmortes Rindfleisch mit wiebeln (Nord)
carcasse (de poulet) *m*	Gerippe (eines Hähnchen)
cardamome *w*	Kardamom
cardon *m*	Kardone, »spanische Artischocke«
- cardons à la mœlle *m pl*	langsam gekochte und im Backofen gratinierte Kardonen mit Knochenmark (Lyonnais)
carotte *w*	Möhre, Karotte
- carottes râpées *w pl*	geriebene Möhren
- carottes Vichy *w pl*	in Mineralwasser (traditionell aus Vichy) gekochte Möhren
carpe *w*	Karpfen
carré *m*	Karree
- carré d'agneau *m*	Lammkarree
- carré de porc *m*	Schweinekarree
- carré de veau *m*	Kalbskarree
Carré de l'Est *m*	milder Kuhmilchkäse (Elsass)
carrelet *m* (*od.* plie *w*)	Goldbutt, Scholle
carte (à la)	à la carte (im Gegensatz zum »Menu«)
carte des desserts *w*	Dessert nach Karte
cartilage *m*	Knorpel
casher	koscher
casse-croûte *m*	leichte und schnelle Mahlzeit
casse-noix *m*	Nussknacker
casse-pince *m*	nussknackerähnliches Utensil, um die Scheren von Krustentieren zu öffnen

casserole *w*	Stieltopf
cassis *m*	schwarze Johannisbeere
cassolette *w*	Pfännchen oder auch Pfännchengericht
cassonade *w*	brauner Rohrzucker
cassoulet *m*	Eintopf mit weißen Bohnen und Fleisch (Spezialität aus Südwest-Frankreich)
- cassoulet de Carcassonne *m*	Eintopf mit weißen Bohnen und Fleisch (Lammkeule und Feldhuhn, je nach Saison) (Carcassone)
- cassoulet de Castelnaudary *m*	Eintopf mit weißen Bohnen und Fleisch (meist Lamm) (Languedoc)
- cassoulet de Toulouse *m*	Eintopf mit weißen Bohnen und Fleisch (Wurst aus Toulouse, Lamm oder Kalb, roher Schinken) (Toulouse)
cave *w*	Weinkeller
caviar *m*	Kaviar
caviar d'aubergine *w*	Auberginenpastete
caviste *m*	Weinhändler
cédrat *m*	Zitronatzitrone, Cedrat
- cédrat confit *m*	kandierte Zitronatzitrone (Korsika)
Cédratine *w*	Zitronatzitronenlikör (Korsika)
céleri (boule) *m*	Sellerie
- céléri branche *m*	Stangensellerie
- céléri-rave *m*	Knollensellerie
- céleri rémoulade *m*	geriebener Sellerie mit einer Mayonnaise-Senf-Essig-Sauce
Cendré *m*	runder und flacher magerer Kuhmilchkäse, in Asche gewendet (Zentrum)
cépage *m*	Rebsorte
cèpe *m (od.* bolet*)*	Steinpilz
céréales *w pl*	Getreide, Müsli

cerf *m*	Hirsch
cerfeuil *m*	Kerbel
cerise *w*	Kirsche
cerneau de noix *m*	Walnusskern
cervelas *m*	Fleischwurst
cervelle *w*	Hirn
- cervelle d'agneau *w*	Lammhirn
cervelle de Canut *w*	Quark mit Pfeffer, Salz, Knoblauch, Schnittlauch und Zwiebeln (Lyonnais)
Chabichou *m*	Ziegenkäse in konischer Form (Poitou-Charentes)
Chablis	trockener, aromatischer Weißwein (Burgund)
chair à saucisse *w*	Wurstfüllung
Champagne *m*	Champagner
champignon *m*	Pilz
- champignon de Paris *m*	weißer Champignon
- champignons à la grecque *m pl*	eingelegte Champignons mit Gewürzen (Koriander, Lorbeer, Thymian, Pfeffer) und oft Tomatensoße
Chandeleur *w*	Mariä Lichtmess, an diesem Tag werden Crêpes gegessen
chanterelle *w*	Pfifferling
Chantilly *w*	Schlagsahne
chapelure *w*	Paniermehl
chapon *m*	Kapaun
charbon de bois *m*	Holzkohle
charcuterie *w*	Wurstwaren; Wurstwarenladen
charcutier *m*	Metzger, der nur Wurstwaren verkauft
charcutier-traiteur *m*	Metzger, der auch hausgemachte fertige Gerichte verkauft
chariot *m*	Einkaufswagen

charlotte au fraises *w*	lockerer Biskuitteig mit Erdbeeren und Creme
charolais *m*	in Frankreich verbreitetete weiße Rinderrasse
Chartreuse *w*	Kräuterlikör der Kartäusermönche (Isère)
chasseur, sauce *w*	Sauce mit Tomaten, Champignons, Schalotten und Weißwein
châtaigne *w*	Esskastanie
château *m*	Schloss, Weingut
château la Pompe *m*	»Kranenberger«, Leitungswasser
Château-neuf-du-pape (Rotwein)	intensiver, aromatischer Rotwein (Rhônetal)
Château-neuf-du-pape (Weißwein)	fruchtiger, intensiver Weißwein (Rhônetal)
chaud	warm
chaud-froid *m*	Geflügelfleisch, serviert in Gelee oder Mayonnaise
chausson aux pommes *m*	Apfeltasche
chef *m*	Küchenchef
chêne *m*	Eiche
cheval *m*	Pferd
cheveux d'ange *m pl*	Fadennudeln
chèvre *m*	Ziege, Ziegenkäse
- bûche	längliche und runde Form
- cendré	in Asche gewendet
- chèvre frais	frischer Ziegenkäse
- demi-sec	halbtrockener Ziegenkäse
- sec	trockener Ziegenkäse
- pavé	in viereckiger Form
chevreau *m*	Zickel, Ziegenjunges
chevreuil *m*	Reh
chewing-gum *m*	Kaugummi
Chinon (Rotwein)	fruchtiger Rotwein (Loiretal)
Chinon (Weißwein *u.* rosé)	fruchtiger Weißwein und Rosé (Loiretal)
chipolata *w*	dünnes Würstchen

chips *m*	Kartoffelchips
chocolat de Bayonne *m*	Dunkelschokolade, u. a. mit Zimt oder Vanille-Geschmack (Baskenland)
chocolat *m*	Schokolade
- carré de chocolat *m*	viereckiges Stück von einer Tafel Schokolade
- tablette de chocolat *w*	Tafel Schokolade
- chocolat de dégustation *m*	Feinschmeckerschokolade
- extra noir *m*	Zartbitterschokolade mit hohem Kakaoanteil
- au lait *m*	Milchschokolade
- blanc *m*	weiße Schockolade
- mignonette *w*	kleine Tafel Schokolade
- pâtissier *m*	Backschokolade
- dessert *m*	Backschokolade
- copeaux de chocolat *m pl*	Schokoladenraspel
- chocolat en poudre *m*	Schokoladenpulver
- chocolat chaud *m*	heiße Schokolade
- fève *w*	Kakaobohne
- chocolat liégeois *m*	Eisschokolade
chocolatier *m*	Schokoladenhersteller, Schokoladenverkäufer
chocolatine *w* (*od.* pain au chocolat *m*)	Name des Schokocroissants in Südost-Frankreich
choix *m*	Auswahl (*aux choix:* zur Auswahl)
chope *w*	Bierkrug
chorizo *m*	scharfe mit Chili gewürzte Wurst (*doux:* mild, *fort:* scharf)
chou *m*	Kohl
- chou blanc *m*	Weißkohl
- chou chinois *m*	Chinakohl
- chou de Bruxelles *m*	Rosenkohl
- chou-fleur *m*	Blumenkohl
- chou frisé *m*	Grünkohl
- chou rouge *m*	Rotkohl

- chou vert *m*	Wirsing
- chou braisé *m*	mit Möhren und Zwiebeln in Butter geschmorter Kohl
- chou farci *m*	mit Fleisch gefüllte Kohlblätter
chou à la crème *m*	gefüllter Windbeutel
chouchen *m*	likörartiger Honigwein (Bretagne)
choucroute (garnie) *w*	Sauerkraut mit Würsten, Fleischstücken und Kartoffeln (Elsass)
choucroute de la mer *w*	Sauerkraut mit diversen Fischsorten
chouquettes *w pl*	kleines Gebäck garniert mit großen Zuckerstücken
ciboule *w*	Frühlingszwiebel
ciboulette *w*	Schnittlauch
cidre *m*	Cidre, Apfelwein
- bouché	trüb
- brut	extra trocken
- demi-sec	halbtrocken
- doux	mild
- sec	trocken
cigarettes russes *w pl*	feines Gebäckröllchen
citron jaune *m*	Zitrone
- citron vert *m*	Limette
- citron confit *m*	Zitronat
- citron pressé chaud *m*	heiße Zitrone
- écorce de citron confite *w*	Zitronat
- jus *m*	Saft
- zeste *m*	Zeste aus der Schale von Zitrusfrüchten
citronnade *w*	Getränk aus Wasser und Zitronensaft
citronnelle *w*	Zitronenmelisse
citrouille *w*	Kürbis
civelle *w*	Glasaal
civet *m*	Wildragout
- civet de lièvre *m*	Kaninchenragout (Savoyen)

- civet de marcassin *m*	Frischlingsragout mit Champignons und kleinen Zwiebeln (Centre)
clafoutis *w*	Süßer Eierteigkuchen mit Kirschen
Clairette-de-die	leichter, aromatischer Weißwein (Provence)
clémentine *w*	Clementine
client(e) *m/w*	Kunde/in
clientèle *w*	Kundschaft
Clos Montmartre	Weinberge in Paris (Montmartre), Rot- und Weißweine; es werden ca. 2.000 Flasche pro Jahr produziert
clou de girofle *m*	Gewürznelke
clovisse *w* (*od.* palourde *w*)	Name der Venusmuschel in der Provence
cochon *m*	Schwein
- cochon de lait *m*	Spanferkel
cocos de Paimpol *m pl*	weiße Bohne aus Paimpol, Bretagne
cocotte *w*	Schmortopf
cœur de bœuf *m*	Ochsenherz (Tomatensorte)
cœur *m*	Herz
cœurs de palmier *m pl*	Palmenherzen
coffret découverte *m*	Geschenk-/Überraschungskorb
Cognac *m*	Weinbrand (Charente Maritime)
coing *m*	Quitte
Cointreau *m*	aus süßen und bitteren Orangen hergestellter Likör
colin *m*	Seehecht
colinot *m*	kleiner Seehecht
collier *m*	Hals
colorant *m*	Farbstoff
commande *w*	Bestellung
commander	bestellen
commerçant(e) *m/w*	Verkäufer/in

commerce de quartier *m*	kleine Fachgeschäfte eines Stadtteils (Bäckerei, Metzgerei etc.)
commerce en gros *m*	Großhandel
compote *w*	Kompott, Mus
comptoir *m*	Theke
Comté *m*	Hartkäse aus Kuhmilch (Franche-Comté)
concasser	zerstoßen
concentré de tomates *m*	Tomatenmark
concombre *m*	Schlangengurke
condiment *m*	Gewürz
confiseries *w pl*	Süßwaren
confiseur *m*	Süßigkeitenhersteller, Süßigkeitenverkäufer
confit d'oie (*od.* de canard) *m*	im eigenen Fett eingekochtes Gänse- oder Entenfleisch (Quercy-Périgord)
confit de canard *m*	im eigenen Fett gekochte Entenschenkel, meist mit in Entenfett gebratenen Kartoffeln serviert (Quercy-Périgord)
confit	kandiert
confiture *w*	Konfitüre, Marmelade
- confiture de fruits *w*	Fruchtmarmelade
- confiture de lait *w*	Milchmarmelade
congeler	einfrieren
congre *m*	Meeraal
conservateur *m*	Konservierungsstoff
conserve *w*	Dose, Konserve
conserver dans un endroit sec (à)	trocken lagern
conserverie *w*	Konservendosenfabrik
consigne *w*	Pfand
consommation *w*	Verbrauch
consommé *m*	Kraftbrühe
contenance *w*	Inhalt

coppa *w*	getrocknetes und geräuchertes Schweinenackenstück, mit Wein und Pfeffer gewaschen (Korsika)
coq au Chambertin (*od.* coq au vin) *m*	in Burgunder-Rotwein geschmorter Hahn, mit Champignons, Speckwürfeln und kleinen Zwiebeln serviert (Burgund)
coq *m*	Hahn
- coq au vin *m*	Hähnchenfleisch in Rotwein gekocht
- coq au vin jaune et aux morilles *m*	in Weißwein geschmorter Hahn, mit Morcheln serviert (Franche-Comté)
coque catalane *w*	längliches oder ovales Gebäck, mit salziger oder süßer Füllung (Pays Catalan)
coque *w*	Herzmuschel
coquelet *m*	kleiner Hahn
coquillage *m*	Schalentier
coquille Saint-Jacques *w*	Jakobsmuschel
- coquilles Saint-Jacques à la honfleuroise *w pl*	Jakobsmuscheln, mit Crème fraîche und Calvados gekocht (Normandie)
coquillettes *w pl*	kleine Rohrnudeln
corbeille *w*	Korb
cordon bleu *w*	gefülltes Schnitzel; guter Koch oder Köchin
coriandre *w*	Koriander
cornet (de glace) *m*	(Eis-)Waffeltüte
cornet de Murat *m*	Waffel aus Biskuitteig mit Eis und Schlagsahne (Auvergne)
cornichon *m*	kleine, in Essig eingelegte Gewürzgurken
cornuelle (*od.* cornue) *m*	dreieckiger Mürbeteigkeks mit Aniskörnern an den Ecken (Charente Maritime)

corsé	stark im Geschmack
côte *w*	Rippenstück, Kotelett
- côte de bœuf *w*	Rinderkotelett
- côte de porc *w*	Schweinerippe
coteau	Weinberg, Hanglage
Coteaux-du-Languedoc (Rotwein)	mittelkrätiger Rotwein (Languedoc)
Coteaux-du-Languedoc (Weißwein *u.* Rosé)	milder, aromatischer Weißwein, Rosé
côtelette *w*	Kotelett
Côtes de Beaune (Rotwein)	geschmeidiger, aromatischer Rotwein (Burgund)
Côtes de Beaune (Weißwein)	milder, aromatischer Weißwein (Burgund)
Côtes du Rhône (Rotwein)	milder, aromatischer Rotwein (Rhônetal)
Côtes du Rhône (Weißwein *u.* Rosé)	milder, aromatischer Weißwein und Rosé (Rhônetal)
Côtes-de-Provence (Rotwein)	kräftiger, aromatischer Rotwein (Provence)
Côtes-de-Provence (Weißwein *u.* Rosé)	trockener, intensiver Weißwein und Rosé (Provence)
Cotignac d'Orléans *m*	Quittengelee (Loiret)
cotrillade *w*	Fischsuppe mit Fischstücken und Kartoffeln
cou d'oie farci *m*	mit Schweine- und Geflügelfleisch, Trüffel und Armagnac gefüllter Gänsehals (Quercy-Périgord)
couenne *w*	Schwarte
coulis *m*	feines Püree aus Obst oder Gemüse
Coulommiers *m*	Weichkäse aus Kuhmilch, ähnelt dem Brie (Île-de-France)
coupe (à la)	Theke (im Supermarkt und in anderen Lebensmittelläden)
coupe glacée *w*	Eisbecher
courge *w*	Kürbis

courgette *w*	Zucchini
- courgettes farcies *w pl*	gefüllte Zucchini (Korsika)
courses (faire les) *w pl*	Einkäufe (einkaufen gehen)
court-bouillon *m*	Gemüsebrühe
couscous *m*	Couscousgrieß (*fin:* fein, *moyen:* mittel, *gros:* grob)
couscous (Gericht) *m*	Gericht aus dem Maghreb mit Fleisch (meistens Hammel), Merguez-Würstchen, Gemüse, Kircheerbsen, Couscousgrieß (gehört zu den Lieblingsgerichten der Franzosen)
couscoussier *m*	zweiteiliger hoher Topf, in dem Couscous zubereitet wird
couteau de mer *m*	Scheidenmuschel
couteau *m*	Messer
couvert *m*	Gedeck
couverts *m pl*	Besteck
couverture *w*	Kuvertüre
crabe *m*	Krebs
craquelin *m*	trockenes Gebäck in Halbkugelform, das z. B. mit Marmelade gegessen wird (Bretagne)
Crémant d'Alsace	trockener Schaumwein (Elsass)
Crémant de Loire (weiß und rosé)	aromatischer Schaumwein (Loiretal)
crème *w*	Sahne, Rahm
- crème Chantilly (*od.* crème fouettée) *w*	geschlagene Sahne (Île-de-France)
- crème double *w*	fetthaltige Sahne
- crème fleurette *w*	erster, sehr flüssiger Rahm, der sich auf der Oberfläche der Milch absetzt
- crème fraîche (épaisse) *w*	(dickflüssige) Crème fraîche
- crème légère *w*	Sahne mit geringerem Fettanteil

- crème liquide	Schlagsahne
- crème semi-épaisse *w*	Sahne weder flüssig noch fest
crème anglaise *w*	Vanillesauce
crème brûlée *w*	Crème brûlée, zumeist warme Süßspeise aus Eigelb, Sahne und Milch, bedeckt von einer Kruste aus flambiertem Zucker
crème caramel *w*	Karamellpudding
crème catalane *w*	Crema catalana, ähnelt der Crème brûlée
crème dessert *w*	Dessertcreme
crème pâtissière *w*	süße Füllcreme für Backwaren
crème renversée *w*	gestürzter Pudding
crème de marrons *w*	Maronencreme (Ardèche)
crème de cassis *w*	schwarzer Johannisbeerlikör (Burgund)
crème de mûre *w*	Brombeerlikör
crème de pêche *w*	Pfirsichlikör
crème de lentilles vertes du Berry *w*	grüne Linsensuppe (Berry)
crèmeux	sahnig
crémier(ière) *m*	Käse-, Eier- und Milchprodukteverkäufer
crêpe *w*	Crêpe, ganz feiner Pfannkuchen (Bretagne)
- crêpe Suzette *w*	flambierte Crêpe mit Butter, Zucker und Orange
- crêpe au sucre *w*	Crêpe mit Zucker
- crêpes dentelles *w pl*	hauchdünne Waffelröllchen (Bretagne)
crêperie *w*	Restaurant, in dem man Crêpes und Galette essen kann (ursprünglich aus der Bretagne)
crêpière *w*	flache Crêpes-Pfanne
crépine *w*	Netzfett
crépinette *w* (*od.* saucisse plate *w*)	kleine flache Wurst im Schweinenetz

cresson *m*	Brunnenkresse
crevette *w*	Garnele
- crevette grise *w*	Nordseegarnele, graue Krabbe
- crevette rose *w*	Felsengarnele, kleine Krevette
criques ardéchoises *w pl*	in der Pfanne gebackene, runde Fladen aus geriebenen Kartoffeln (Ardèche)
croissant *m*	Hörnchen
- normal	normales Croissant, mit weniger Butter
- au beurre	Buttercroissant
croquant (*od.* croustillant)	knusprig
croque-madame *m*	Toastscheibe mit Gruyère-Käse, Schinken und einem Spiegelei
croque-monsieur *m*	Toastscheibe mit Gruyère-Käse und Schinken
croquette de pomme de terre *w*	Kartoffelkroketten
crotte en chocolat *w*	Praline
Crottin de Chavignol *m*	kleiner runder Ziegenkäse (Zentrum)
croustillant (*od.* croquant)	knusprig
croûte *w*	Brotkruste
croûton *m*	Croûton
crozets *m pl*	kleine viereckige Nudeln aus Weizen- oder Buchweizenmehl (Savoyen)
cru	roh
crudités *w pl*	rohes Gemüse
crustacé *m*	Krustentier
cuillère *w*	Löffel
- c. à thé (*od.* petite c.) *w*	Teelöffel
- c. à soupe (*od.* grande c.) *w*	Suppenlöffel

cuillère *w*	kleine portionierte Vorspeise oder Häppchen, in Löffeln serviert
cuisine *w*	Küche
cuisiner, faire la cuisine	kochen
cuisse *w*	Keule, Schenkel
cuisson *w*	Garzeit, Backzeit
- bleu	kurz gebraten auf beiden Seiten, lauwarm in der Mitte
- saignant	blutig
- à point	medium
- bien cuit	durchgebraten
cuistot *m*	Koch (Umgangssprache)
cuit	gekocht
cumin *m*	Kümmel
curcuma *m*	Kurkuma
Curé Nantais *m*	viereckiger oder runder, kräftiger Käse aus roher oder pasteurisierter Kuhmilch (Loire-Atlantique)
cure-dent *m*	Zahnstocher
cuvée *w*	Jahrgang (Wein)
cynorhodon *m* (*od.* gratte-cul) *m*	Hagebutte
date limite de consommation (D.L.C.) (*od.* date de péremption) *w*	Verfallsdatum
datte *w*	Dattel
daube *w*	Schmorbraten
débit de boisson *m*	Kneipe, Bistro, Café, wo Alkohol verkauft wird
déca (café) *m*	entkoffeinierter Kaffee
décanter	dekantieren
découenné	ohne Schwarte
déglacer	ablöschen
dégraissé	mager
dégustation *w*	Verkostung
déjeuner *m*	Mittagessen (als Verb: zu Mittag essen)

délice *m*	Köstlichkeit
délicieux, se	köstlich
demi-bouteille *w*	halbe Flasche
demi-douzaine *w*	halbes Dutzend
demi-litre *m*	halber Liter
demi-sec	halbtrocken
dénomination d'origine *w*	Herkunftsbezeichnung
denrée *w*	Lebensmittel
dépôt *m*	Bodensatz
dépôt de pain *m*	Ort, an dem man außerhalb von Bäckereien Brot kaufen kann
dés *m pl*	Würfel
dessert *m*	Nachspeise, Nachtisch
- les 13 desserts de Noël *m pl*	»die 13 Weihnachtsnachtische«, *fougasse*, frische Früchte, Nougat (schwarz und weiß), »mendiants« (Walnüsse, Haselnüsse, getrocknete Feigen, Mandeln, getrocknete Trauben) (Provence)
- ronde des desserts *w*	große Nachtischauswahl
détail (au)	Einzelverkauf
diable, sauce *w*	Sauce aus Fleischbrühe, Schalotten, Senf und Weißwein
diabolo *m*	Mischung aus Limo und Sirup
diabolo menthe *m*	Mischung aus Limo und Minze
digestif *m*	hochprozentiges, alkoholisches Getränk, das nach dem Essen serviert wird
dinde aux marrons *w*	gefüllte Pute mit Maronenbeilage (typisches Weihnachtsgericht)
dinde *w*	Pute
dindon *m*	Puter, Truthahn
dindonneau *m*	junge Pute
dîner *m*	Abendessen (als Verb: zu Abend essen)

französisch - deutsch

diot *w*	in Weißwein und mit Knoblauch marinierte Wurst (Savoyen)
distillerie *w*	Branntweinbrennerei
dizaine *w*	10 Stück
domaine *m*	Weingut
dorade *w*	Goldbrasse
double espresso (*od.* café double) *m*	doppelter Espresso
douceur *w*	kleines süßes Gebäck
doux	lieblich, mild
douzaine *w*	Dutzend
dragée *w*	mit farbigem Zucker umhüllte Röstmandel oder Schokoladenstückchen (zu Hochzeit, Taufe und Kommunion)
eau de fleur d'oranger *w*	Orangenblütenwasser
eau *w*	Wasser
- eau de source *w*	Quellwasser
- eau gazeuse *w*	Wasser mit Kohlensäure
- eau minérale *w*	Mineralwasser
- eau naturelle *w*	Naturalwasser
- eau pétillante *w*	Wasser mit Kohlensäure
- eau plate *w*	Wasser ohne Kohlensäure
- carafe d'eau *w*	Wasserkaraffe
eau-de-vie *w*	Schnaps, Weinbrand
- eau-de-vie de gentiane *w*	Enzianschnaps (Franche-Comté)
- eau-de-vie de poire *w*	Birnenschnaps (Centre)
- eau-de-vie de quetsche	Zwetschgenschnaps (Alsace-Lorraine)
- eau-de-vie mirabelle	Mirabellenschnaps (Alsace-Lorraine)
écailles *w pl*	Fischschuppe
échalote *w*	Schalotte
échine *w* (Schwein)	Nacken, Kamm
éclade *w*	Auf einem Brett werden Miesmuscheln aufgestellt und mit Piniennadeln bestreut,

	die angezündet werden und in deren Hitze die Muscheln garen. (Île d'Olérons)
éclair *m*	länglich gezogene Brandmasse mit Schokoladen- oder Kaffeecremefüllung
napper	glasieren, nappieren
écorce *w*	Schale
- é. de citron confite *w*	Zitronat
- é. d'orange confite *w*	Orangeat
écrevisse *w*	Flusskrebs
élévé en plein air	freilaufend
emballage (éco) *m*	Verpackung (öko)
émincé *m*	Geschnetzeltes
Emmental *m*	Hartkäse aus Kuhmilch (Savoyen)
en-cas *m*	leichte Zwischenmahlzeit
encornet *m* (*od.* calmar)	anderer Name für Kalmar
endive *w* (*in Nordfrankreich:* chicon *m*)	Chicoree
entrecôte *w* (Rind)	Rippenstück
- entrecôte Bercy *w*	gegrilltes Stück Rind mit einer Schalotten-Petersilie-Weißweinsauce
- entrecôte bordelaise *w*	gegrilltes Stück Rind, serviert mit einer Rotwein-Sauce
Entre-deux-mers	trockener, milder, aromatischer Weißwein (Bordeaux)
entrée *w*	Vorspeise
entremets *m*	Süßspeise
épaule *w*	Schulter
- épaule *w* (Schwein)	Bug, Schulter
- épaule *w* (Wild)	Blatt
épeautre *m*	Dinkel
éperlan *m*	Stint
épi de maïs *m*	Maiskolben
épice *m*	Gewürz
épicé	scharf, stark gewürzt

französisch - deutsch

épicerie *w*	kleiner Lebensmittelladen
- épicerie de nuit	kleiner Lebensmittelladen, der noch sehr spät geöffnet hat
- épicerie fine *w*	Lebensmittelladen für Feinschmecker
épicier *m*	Verkäufer in einem Lebensmittelladen
épinards *m pl*	Spinat
- épinards en branche *m pl*	Blattspinat
escalope *w*	Schnitzel
escargot *m*	Schnecke
- escargots à la Bourguignonne *m pl*	gekochte Schnecken, garniert und in ihren Schalen serviert (Burgund)
espadon *m*	Schwertfisch
estaminet *m*	kleines typisches Café-Restaurant in der Region Nord
estomac *m*	Magen
estouffade *w*	Schmorbraten
estragon *m*	Estragon
esturgeon *m*	Stör
étalage *m*	Regal, Auslegefläche
étiquette *w*	Etikett, kleines Schild
étoile *w*	Stern
étouffée (à l') (*od.* à l' étuvée)	im Dampfkochtopf gegart
étrille *w*	Schwimmkrabbe
étuvée (à l') (*od.* à l'étouffée)	im Dampfkochtopf gegart
Evian *w*	stilles Mineralwasser (Savoyen)
expresso *m*	Espresso
extrait *m*	Extrakt
fabricant *m*	Hersteller
fabrication *w*	Herstellung
- fabrication artisanale *w*	handwerkliche Herstellung
- fabrication industrielle *w*	industrielle Herstellung

fabriqué	hergestellt
façon (à la f. de) *w*	Art der Zubereitung
faim *w*	Hunger
faisan *m*	Fasan
faisselle *w*	eine Art Quark im Abtropfsieb
fait maison	hausgemacht
fane de radis *w*	Radieschenblatt
far breton *m*	Pflaumenkuchen (Bretagne)
farce *w*	Füllung
farci, e	gefüllt
farine (de blé *od.* froment) *w*	Weizenmehl
- farine complète *w*	Vollkornmehl
- farine de sarrasin (*od.* blé noir) *m*	Buchweizenmehl
faux-filet *m*	Roastbeef
fécule *w*	Stärke
- f. de pomme de terre *w*	Kartoffelstärke
fenouil *m*	Fenchel
fermentation *w*	Gärung
fermer	schließen
fermeture *w*	Schließung, Geschäftsschluss
- fermeture hebdomadaire *w*	wöchentlicher Ruhetag
fermier	vom Bauernhof
feuille *w*	Blatt
- feuille de brick *w*	Filoteig
- feuille de chêne *w*	Eichenblatt
- feuille de vigne *w*	Weinblatt
feuilleté *m*	Blätterteigspeise
fève *w*	dicke Bohnen; Figürchen, das in der *Galette des Rois* (Dreikönigskuchen) versteckt ist
fibres *w pl*	Ballaststoffe
ficatellu *m*	Wurst aus Schweineleber, wird frisch oder trocken gegessen (Korsika)
ficelle *w*	dünnes Stangenbrot

fidés *m pl*	größere Fadennudeln (Savoyen)
figue *w*	Feige
filet *m*	Filet
- filet de poisson *m*	Fischfilet
- filet *m* (Geflügel)	Filet, Lende
- filet mignon *m*	Schweinefilet
financiers *m*	kleines Gebäck aus Mandel und Eiweiß
fines de Claires *w pl*	Austernart
fines herbes *w pl*	»feine Kräuter« (*persil m:* Petersilie, *ciboulette w:* Schnittlauch, *estragon m:* Estragon, *laurier m:* Lorbeer)
flageolet *m*	kleine weiße Bohne
flambé	flambiert
flamiche *w*	mit Lauch gefüllte Torte
flan *m*	Pudding
flanchet *m*	Flanke
flétan *m*	Heilbutt
fleur d'oranger *w*	Orangenblüte
Fleur du maquis (*od.* brin d'amour) *m*	Ziegenkäse mit einer Rinde aus korsischen Kräutern (Korsika)
fleur de sel *m*	besonders edles Meersalz, zum Verfeinern eines Gerichts, kurz vor dem Servieren benutzt
flocons d'avoine *m pl*	Haferflocken
flognarde aux pommes / aux poires *w*	süßer Eierteigkuchen mit Äpfeln oder Birnen (Winter-»clafoutis«) (Massif Central)
florentin au miel *m*	Florentiner mit Honig
flûte *w*	ganzes, dünnes Baguette
foie de veau au vinaigre *m*	Kalbsleber, in der Pfanne gebraten, mit einer Essig-Sauce serviert (Lyonnais)

foie *m*	Leber
- foie de veau *m*	Kalbsleber
- foie gras d'oie *od.* de canard *m*	Gänse- oder Entenstopfleber (Quercy-Périgord)
- foie de volaille *m*	Geflügelleber
fond d'artichaut *m*	Artischockenboden
fondant au chocolat *m*	Schokoladenkuchen mit geschmolzenem Kern
fondu	geschmolzen
fondue bourguignonne *w*	Fleischfondue oder Fettfondue
fondue savoyarde *w*	Käsefondue (Savoyen)
forestier	nach »Försterart«, meist mit Pilzen
Forestine de Bourges *w*	Mandeln und Haselnüsse mit Schokolade, anschließend mit Zucker umhüllt (Cher)
forêt noire *w*	Schwarzwälder Kirschtorte
formule *w*	Menü
fougasse *w*	gitterförmiges, flaches Olivenbrot (mit Oliven, Kräutern etc.) (Südfrankreich)
four *m*	Backofen
fourchette *w*	Gabel
Fourme d'Ambert *w*	cremiger Blauschimmelkäse aus Kuhmilch (Auvergne)
fourneau *m*	Herd
fournil *m*	Backstube der Bäckerei
fourré, e	gefüllt
fraîcheur *w*	Frische
frais	frisch, kühl
fraise (Fleisch) *w*	Gekröse
fraise *w*	Erdbeere
- fraise des bois *w*	Walderdbeere
fraises romanoff *w pl*	Erdbeeren mit Orangensaft, Zucker und Alkohol
fraisier *m*	dreimal durchgeschnittener Biskuitboden gefüllt mit Erdbeercreme
framboise *w*	Himbeere

frangipane *w*	Mandelcremefüllung
frappé, e	(eis)gekühlt
friand *m*	mit Fleisch gefüllte Blätterteigtasche
fricassée *w*	Frikassee
fringale *w*	plötzlicher Hunger
frisée *w*	Friséesalat
frites *w pl*	Pommes frites
friture *w* (Fisch)	frittierte kleine Fische
friture *w*	Frittierfett
froid	kalt
fromage *m*	Käse
- fromage à pâte dure *m*	Hartkäse
- fromage à pâte molle *m*	Weichkäse
- fromage à pâte persillée *m*	Blauschimmelkäse
- fromage à pâte semie-dure *m*	halbfester Käse
- fromage au lait cru *m*	Rohmilchkäse
- fromage de montagne *m*	Bergkäse
- fromage fondu *m*	geschmolzener Käse
- fromage râpé *m*	geriebener Käse
- fromage frais *m*	Frischkäse
- fromage frais ail et fines herbes *m*	Frischkäse mit Knoblauch und Kräutern
fromage blanc *m*	ähnelt einem sahnigen Quark
- fromage blanc battu *m*	leicht flüssiger Quark
- fromage blanc nature *m*	Quark pur
- faisselle *w*	eine Art Quark im Abtropfsieb
fromager *m*	Käseverkäufer
fromagerie *w*	Käseladen
froment *m*	Weizen
fructose *m*	Fruchtzucker
fruit *m*	Obst, Frucht
- fruits au sirop *m pl*	Früchte im Sirup
- fruits confits *m pl*	kandierte Früchte
- fruits de la passion *m pl*	Maracuja

- fruits pochés *m pl*	pochierte Früchte
- fruits rouges *m pl*	rote Früchte
- fruits secs *m pl*	Trockenfrüchte
fruits de mer *m pl*	Meeresfrüchte (*plateau m:* Platte)
fumé, e	geräuchert
fumet de poisson *m*	Fischbrühe
fût *m*	Fass
gâche vendéenne *w*	Hefegebäck mit Crème fraîche und Rum (Vendée)
gâche *w*	Süßbrot aus der Vendée mit Vanille und Orangenblütenwasser
galantine *w*	Galantine
galette *w*	dünner Pfannkuchen aus Buchweizen (Bretagne)
galette bretonne *w*	kreisförmiger dünner Butterkeks (Bretagne)
galette de pommes de terre *w*	ca. 1 cm dicker, runder Kartoffelkuchen mit Ziegenkäse (Centre)
galette des rois *w*	»Dreikönigskuchen«, Kuchen in Galetteform aus Blätterteig mit Mandelcremefüllung und kleiner Porzellanfigur, wird zum Dreikönigstag gegessen
galette des rois Bordclaise *m*	»Dreikönigskuchen«, Hefekuchen in Galetteform mit kandierten Früchten (Bordelais)
gambas *w*	Riesengarnelen
garçon de café *m*	Bedienung, Ober
garni	gefüllt, belegt
garniture *w*	Beilage
gaspacho *m*	Gaspacho
gastronomie *w*	Gastronomie, Kochkunst
gâteaux apéritif *m*	Knabbergebäck, begleitend zum Apéritif

französisch - deutsch

gâteau *m*	Kuchen
- gâteau à la farine de châtaigne *m*	mit Esskastanienmehl zubereiteter Kuchen (Korsika)
- gâteau au yaourt *m*	Joghurtkuchen
- gâteau aux noix de Grenoble *m*	Walnusskuchen (Isère)
- gâteau basque *m*	Sandkuchen mit Kirschkonfitüre oder Rum-Vanille-Füllung (Baskenland)
- gâteau d'anniversaire *m*	Geburtstagskuchen
- gâteau de châtaignes *m*	Esskastanienkuchen (Massif Central)
- gâteau de riz *m*	Reiskuchen
- gâteau de semoule *m*	Grießkuchen
- gâteau roulé *m*	mit Konfitüre gefüllter und gerollter Kuchen
gaude *w*	süße oder salzige gegrillte Maismehlsuppe (Franche-Comté)
gaufre *w*	Waffel
- gaufre fourrée à la vergeoise *w*	mit Rohzucker gefüllte Waffel (Nord)
gaufrette *w*	kleine Waffel
Gault Millau	Gastronomieführer
gélatine *w*	Gelatine
gelée *w* (en gelée)	Aspik (in Aspik)
gelée *w*	Gelee
gélifiant *m*	Geliermittel
génépi *m*	Beifuß
génisse *w*	Färse, Jungrind
génoise *w*	Tortenbiskuit
gentiane *w*	Enzian
germe *m*	Keim
gésier *m*	Fleischmagen, Kaumagen
Gewurztraminer	Gewürztraminer, trockener Weißwein mit etwas höherem Alkoholgehalt (Elsass)
gibier *m*	Wild, Wildbret

gigot *m*	Keule
gigot d'agneau *m*	Lammkeule
gigot de pré-salé rôti à la normande *m*	geschmorte Lammkeule, serviert mit einer Cidre-Sahne-Sauce (Normandie)
gigue *w*	Rehkeule
gingembre *m*	Ingwer
girolle *w*	Pfifferling
gîte *w*	Rinderkeule
glaçage *m*	Glasur
glace pilée *w*	zerstoßenes Eis
glace *w*	Eis (*bâtonnet w:* Stieleis)
Glacier	Klassische Eisdiele
glaçon *m*	Eiswürfel
gluten *m*	Gluten
gougère *w* au fromage	salziger Windbeutel mit Käse (Burgund)
goujon *m*	Gründling
gouleyant	süffig
gourmand(e) *m/w*	Person, die gerne isst
gourmandise *w*	Leckerei
gourmet *m*	Feinschmecker
gousse d'ail *w*	Knoblauchzehe
goût *m*	Geschmack
goûter *m* (*od.* le quatre heures)	kleine Zwischenmahlzeit gegen 16 Uhr (nicht nur) für Kinder; für Erwachsene »Teezeit« genannt
goûter	ausprobieren, kosten, probieren, abschmecken
goyave *w*	Guave
grain *m*	Korn
graine *w*	Samen, Kern, Korn
- graines de moutarde *w pl*	Senfsaat
- graines de tournesel *w pl*	Sonnenblumenkern
grainetier *m*	Samenverkäufer
graines de lin *m pl*	Leinsamen
graisse *w (od.* gras*)*	Fett

- graisse d'oie *w*	Gänseschmalz, Gänsefett
- graisse de canard *w*	Entenfett
- saindoux *m*	Schweineschmalz
gramme *m*	Gramm
grand chef cuistot	bekannter Chef- oder Sternekoch
grand cru (Wein)	besonderer Jahrgang
grappe *w*	Traube
gras *m* (*od.* graisse)	Fett
gras-double *m*	Pansen
gratin *m*	mit Käse überbackener Auflauf
gratin (d'abricots) *m*	süßer Auflauf (mit Aprikosen)
gratin dauphinois *m*	Gratin aus dünnen Kartoffelscheiben, mit Sahne und Knoblauch gekocht (Dauphiné)
gratiné	gratiniert
grattons *m pl*	Grieben(schmalz)
Graves (Rotwein)	geschmeidiger, milder, aromatischer Rotwein (Bordeaux)
Graves (Weißwein)	trockener, milder, aromatischer Weißwein (Bordeaux)
grenade *w*	Granatapfel
grenadine *w*	Granatapfelsirup bzw. heute oft Rote-Früchte-Sirup
grenouille (cuisse de) *w*	Froschschenkel
- grenouilles à la dauphinoise *w*	Froschschenkel mit Weißwein, Champignons und Zwiebeln gekocht (Dauphiné)
gribiche, sauce *w*	Sauce mit Senf und Kapern
grignoter	knabbern
grillade *w*	Grillgut, Grillgericht
grillé, e	gegrillt
griotte *w*	Sauerkirsche
grive *w*	Drossel
grog *m*	Grog
grondin *m*	Knurrhahn
groseille à maquereau *w*	Stachelbeere

groseille blanche *w*	weiße Johannisbeere
groseille rouge *w*	rote Johannisbeere
Gros-Plant	trockener, aromatischer Weißwein (Loiretal)
Gruyère *m*	allgemeine Bezeichnung für Hartkäse aus Kuhmilch (Emmental, Comté, Gruyère)
Guide Rouge Michelin	Gastronomieführer
Guignolet *m*	Kirschlikör
guimauve (pâte de) *w*	Marshmallow
haché	gehackt
hachis Parmentier *m*	Gericht aus Kartoffelpüree und Hackfleisch, mit Käse überbacken
haddock *m*	geräucherter Schellfisch
hareng (fumé) *m*	Hering
hareng saur *m*	Bückling
haricot *m*	Bohne
- haricot beurre *m*	gelbe Bohne
- haricot blanc *m*	weiße Bohne
- haricot de maïs *m*	große weiße Bohne
- haricot rouge *m*	Kidneybohne
- haricot tarbais *m*	große weiße Bohne
- haricot vert *m*	grüne Bohne
harissa *w*	scharfe Sauce für Couscous
haut-de-côte *m*	oberes Rippenstück
Haut-Médoc	ausgewogener, milder, intensiver Rotwein (Bordeaux)
herbes (aromatiques) *w pl*	Kräuter
herbes de Provence *w pl*	Kräuter der Provence
heures d'ouvertures *w pl* (*od.* horaires d'ouverture *m pl*)	Öffnungszeiten
hollandaise, sauce *w*	Sauce hollandaise
homard *m*	Hummer
hors-d'œuvre *m*	Vorspeise
houblon *m*	Hopfen

huile *w*	Öl
- huile d'arachide *w*	Erdnussöl
- huile d'olive *w*	Olivenöl
- huile de colza *w*	Rapsöl
- huile de maïs *w*	Maiskeimöl
- huile de noisette *m*	Haselnussöl
- huile de noix *w*	Walnussöl
- huile de pépin de raisin *m*	Traubenkernöl
- huile de sésame *w*	Sesamöl
- huile de tournesol *w*	Sonnenblumenöl
huître *w*	Auster
- huître creuse *w*	tiefe Auster
- huître plate *w*	flache Auster
hypermarché *m*	besonders großer Supermarkt
IGP (indication géographie protégée) *w*	europäische gesetzlich geschützte Herkunftsbezeichnung
île flottante *w*	Eischnee auf Vanillesauce
infusion *w*	Kräutertee
ingrédient *m*	Zutat
Izarra *w*	Kräuterlikör (Baskenland)
jambon *m*	Schinken
- jambon à l'étouffé *m*	besonders zarter Kochschinken
- jambon à l'os *m*	Knochenschinken
- jambon au torchon *m*	in einem Tuch gekochter Schinken
- jambon blanc *m* (*od.* cuit, *od.* de Paris)	Kochschinken
- jambon braisé *m*	Backschinken
- jambon cru *m*	Rohschinken
- jambon d'Ardenne *m*	geräucherter Rohschinken (Est)
- jambon de Bayonne *m*	rot-rosafarbener luftgetrockneter Schinken (Baskenland)
- jambon de cul noir *m*	Kochschinken vom »Cul-noir«-Schwein (Massif Central)
- jambon de Paris *m*	Kochschinken
- jambon de pays *m*	Landschinken, Rohschinken

- jambon fumé du Haut-Doubs *m*	geräucherter Bergschinken (Franche-Comté)
- jambon sec *m*	luftgetrockneter Schinken
- jambon supérieur *m*	Schinken von besonderer Qualität
jambon de Vendée aux mojettes *m*	luftgetrockneter Schinken, mit Möhren und kleinen weißen Bohnen serviert (Vendée)
jambon nouille *m*	Scheibe Schinken mit Nudeln, typisches Kindergericht
jambon persillé de Dijon *m*	in Brühe gekochte Schweineschulter, mit Weißwein, Knoblauch und Petersilie gewürzt und anschließend aus der Form gestürzt (Burgund)
jambon-beurre (*od.* parisien) *m*	Baguette mit Kochschinken und Butter (Île-de-France)
jambonneau *m*	Schinkeneisbein
jardinière de légumes *w*	Frühgemüse
jarret *m*	Haxe
Jésus de Lyon *m*	hochwertige Salami im Netz (Lyonnais)
joue *f*	Backe
jour (du) *m*	Tag
Jurançon	trockener, fruchtiger, süßer Weißwein (Südwest-Frankreich)
jus *m*	Saft, auch Bratensaft
- jus d'orange *m*	Orangensaft
- jus de fruit *m*	Fruchtsaft
- jus de pomme *m*	Apfelsaft
- jus frais *m*	frischer Saft
juteux	saftig
kaki *m*	Kaki, Sharonfrucht
kascher	koscher
Kig ha farz *m*	Schmorgericht mit Fleisch, Möhren und Kohl. Eine weitere Zutat des Gerichts

	ist Buchweizenmehl, das in Stoffsäckchen verpackt und in der Brühe mitgegart wird (Bretagne)
kilogramme *m*	Kilogramm
kir *m*	Weißwein mit schwarzem Johannisbeerlikör (Burgund)
- kir breton *m*	Cidre mit schwarzem Johannisbeerlikör
- kir royal *m*	Champagner mit schwarzem Johannisbeerlikör
kirsch de Fougerolles *m*	Kirschlikör aus Fougerolles (Franche-Comté)
kiwi *m*	Kiwi
knack d'Alsace *m*	Straßburger (Alsace-Lorraine)
kouglof *od.* kougelhopf *m*	Gugelhupf (Alsace-Lorraine)
kouing amann *m*	zahlreiche Brotteigschichten mit viel Butter und Zucker (Bretagne)
kumquat *m*	Kumquat
Label rouge *m*	offizielles Gütesiegel
lactose *w*	Laktose
Laguiole *m*	Blauschimmelkäse aus Kuhmilch (Midi-Pyrénées)
lait *m*	Milch
- lait caillé *m*	dicke Milch
- lait concentré (*od.* condensé) *m*	Kondensmilch
- lait cru *m*	Rohmilch
- lait de montage *m*	Bergmilch
- lait en poudre *m*	Milchpulver
- lait entier *m*	Vollmilch
- lait pasteurisé	pasteurisiert
- lait stérilisé	sterelisiert
- lait UHT (ultra haute température)	H-Milch
- lait demi-écrémé *m*	fettarme Milch

lait ribot *m*	Buttermilch (wird u. a. zu Galettes und Crêpes getrunken) (Bretagne)
Lait russe *m*	Latte macchiato (weniger verbreitet als in Deutschland)
laitue iceberg (*od.* pommée) *w*	Eisbergsalat
laitue *w*	Kopfsalat
lambig *m*	Cidre-Schnaps (Bretagne)
langouste *w*	Languste
langoustine *w*	Langustine
langue *w*	Zunge
- langue d'agneau *w*	Lammszunge
- langue de bœuf *w*	Rindszunge
- langue de veau *w*	Kalbszunge
lanière *w*	Streifen
lapereau *m*	junges Kaninchen
lapin *m*	Kaninchen
- lapin de Garenne *m*	Wildkaninchen
- lapin en gibelotte *m*	Kaninchenragout
lard *m*	Speck
lardons *m pl*	Speckwürfel
- lardons nature *m pl*	nicht geräuchert
- lardons fumés *m pl*	geräuchert
laurier *m*	Lorbeer
lavande *w*	Lavendel
légume *m*	Gemüse
légumes secs *m pl*	Hülsenfrüchte
lentilles *w pl*	Linsen
- lentilles blondes *w pl*	gelbe Linsen
- lentilles corail *w pl*	rote Linsen
- lentilles vertes du Puy *w pl*	Du-Puy-Linsen
levain *m*	Sauerteig
levure *w*	Hefe
- levure chimique *w*	Backpulver
- levure de boulanger *w*	Backhefe
libre-service *m*	Selbstbedienung
lieu jaune *m*	Pollack

lieu *m*	Seelachs
lieu noir *m*	Köhler oder Kohlfisch
lièvre *m*	Hase
limande *w*	Rotzunge
liqueur *w*	Likör
- liqueur d'Angélique de Niort *w*	Engelwurzlikör aus Niort (Deux Sèvres)
- liqueur de châtaigne	Esskastanienlikör (Massif Central)
- liqueur de génépi *w*	Beifußlikör (Dauphiné, Savoyen)
- liqueur de myrte *w*	Myrtenlikör (Korsika)
- liqueur de noix *w*	Walnusslikör
- liqueur de racine de gentiane *w*	Enzianwurzellikör
lit (servi sur un lit de) *m*	Bett, serviert auf einem Bett von
Livarot *m*	Weichkäse aus Kuhmilch, einer der ältesten Käse aus der Normandie
livraison *w*	Lieferung
livre de recettes *m*	Kochbuch
livre *w*	Pfund
lolla rossa *w*	Lollo rosso
lonzu *m*	halbgetrocknetes, mageres Schweinefilet (Korsika)
lotte *w*	Seeteufel
LU (Lefèvre-Utile)	Keksfabrik seit 1850. Der Butterkeks (»Véritalbe petit-beurre LU«) wurde 1888 erfunden. Es folgten viele weitere Kekssorten (Nantes).
lunette *w*	kleines Gebäck mit Marmelade
lyophilisé	gefriergetrocknet
macaron *m*	Makrone
- macaron de Bergerac *m*	Makronen (Quercy-Périgord)

- macaron de Saint-Émilion *m*	Mandelmakronen (Gironde)
macédoine *w*	Gemüse- oder Früchtemischung
macérer	einlegen
mâche *w*	Feldsalat
Mâcon (Weißwein)	trockener, fruchtiger Weißwein (Burgund)
Mâcon (Rotwein)	feiner, kräftiger Rotwein (Burgund)
macreuse *w* (Rind)	Schulter
madeleine *w*	Madeleine
madère, sauce *w*	Sauce mit dem Apéritif Madère
magasin *m*	Laden
magret de canard *m*	Entenbrustfilet (Quercy-Périgord)
maigre *m* (Schwein)	mager
maïs *m*	Mais
maison (fait)	hausgemacht
maître artisan *m*	Meister
maïzena *w* (fleur de maïs)	Speisestärke
mandarine *w*	Mandarine
Mangue *w*	Mango
maouche *w*	mit Schweinefleisch und Kohl gefüllter Schweinepansen (Ardèche)
maquereau *m*	Makrele
marbré au chocolat *m*	Schokoladenmarmorkuchen
marcassin *m*	Frischling
marchand de fruits et légumes *m*	Früchte- und Gemüseverkäufer
marché (couvert) *m*	Markt(halle)
marengo	Schmorgericht mit Fleisch und Tomaten
Marenne Oléron *w*	Austern von der Insel Oléron (Atlantikküste)
margarine *w*	Backfett, Margarine

Margaux	geschmeidiger, milder, intensiver Rotwein (Bordeaux)
marinade *w*	Marinade
mariner	marinieren
marjolaine *w*	Majoran
marmelade *w*	Marmelade
marmite dieppoise *w*	mit Cidre, Crème fraîche und Gemüse (Möhren, Zwiebeln, Lauch) geschmorte Fische und Muscheln (Normandie)
Maroilles *m*	Weichkäse aus Kuhmilch mit goldgelber bis roter Rinde (Nordfrankreich)
marron glacé *m*	kandierte, mit Sirup gefüllte Esskastanie
marron *m*	Esskastanie, Marone
- crème de marrons *w*	Maronencreme (Ardèche)
- marrons glacés *m pl*	kandierte und glasierte Maronen (Ardèche)
massepain *m*	Gebäck aus Blätterteig mit gehackten Mandeln
matefin *od.* matefaim *m*	dickere, runde Crêpe mit Apfelstücken (Lyonnais)
mat-faim *m* (*od.* matafan)	runder Kuchen aus geriebenen Kartoffeln, ab und zu mit Speck (Savoyen)
matière grasse *w*	Fett, Fettanteil
maturation *w*	Reifung
maturité *w*	Reife
mayonnaise *w*	Mayonnaise
méchoui *m*	Hammelspießbraten (Gericht aus dem Maghreb)
médaillon *m* (Kalb)	Kalbsmedaillon, Stück Fleisch oder Fisch in runder Form
Médoc	ausgewogener, milder, aromatischer Rotwein (Bordeaux)
mélange *m*	Mischung
melon (charentais) *m*	Melone (aus der Charentes)

- melon au muscat *m*	halbe Melone gefüllt mit Muscat (Süßwein) (Languedoc-Roussillon)
- melon au Pineau des Charentes *m*	halbe Melone gefüllt mit Pineau des Charentes (Charente Maritime)
- melon au porto *m*	halbe Melone mit Portwein gefüllt
mendiant *m*	Schokolade oder Nachtisch mit Nüssen und trockenen Früchten
menthe verte *w*	Pfefferminze
menu *m*	Menü, Liste von Gerichten zu einem festen Preis
- menu enfant *m*	Menü für Kinder
- menu gastronomique *m*	Feinschmeckermenü
merguez *w*	scharfe Lamm- oder Rinds-würstchen
meringue *w*	Baiser
merlan *m*	Wittling
merle *m*	Amsel
merlu *m*	Seehecht
mérou *m*	Zackenbarsch
mesclun *m*	gemischter grüner Jungblattsalat
mets *m*	Gericht
meunière	Fischzubereitung: gegrillt, mit Zitrone und Petersilie serviert
miche de pain *w*	Brotlaib
mie *w*	Brotkrume
miel *m*	Honig
- miel de lavande *m*	Lavendelhonig
- miel d'acacia *m*	Akazienhonig
- miel de châtaigner *m*	Kastanienhonig
- miel toutes fleurs *m*	Blumenhonig
miette *w*	Krümel
mignardise *w*	kleine Süßigkeit
mignonette *w*	Fläschchen

mijoter	auf kleiner Flamme gekocht; ein liebevoll zubereitetes Gericht
millas *m*	süßer Maismehlkuchen (Midi-Pyrénées)
millefeuille *m*	viereckiges Gebäck aus geschichtetem Blätterteig mit Cremefüllung
millésime *m*	Jahrgang
millet *m*	Hirse
Mimolette *w*	Hartkäse aus Kuhmilch, in der Farbe je nach Reife von hell- bis dunkelorange (Nordfrankreich)
mirabelle *w*	Mirabelle, kleine gelbe Zwetschge
mis en bouteille	abgefüllt
mise en bouche *w*	Appetithäppchen
mœlle *w*	Knochenmark
- os à mœlle *m*	Markknochen
mœlleux au chocolat *m*	zarter Schokoladenkuchen
mœlleux	lieblich, zart
mojettes *w pl* (*od.* mogettes)	weiße Bohnen
mollusque *m*	Molluske, Weichtier
Monbazillac	fetter, süßer Weißwein (Südwest-Frankreich)
Morbier *m*	Weichkäse aus Kuhvollmilch mit einem Aschestreifen mitten im Käse (Franche-Comté)
morceau *m*	Stück
morille *w*	Morchel
mornay, sauce *w*	Bechamelsauce mit Käse
mortadelle *w*	Mortadella
morue séchée *w*	Stockfisch
morue *w* (*od.* cabillaud *m*)	Kabeljau, Dorsch
mou *m*	Lunge

mouclade *w*	Miesmuscheln in einer Sauce aus Schalotten, Pineau des Charentes, Knoblauch und Crème fraîche (Charente Maritime)
mouillettes *m pl*	länglich geschnitte Brotstücke mit Butter, die man in ein weich gekochtes Ei tunkt
moulé à la louche	handgeschöpft
moule *m*	Backform
moules *w pl*	Miesmuscheln
- moules-frites *w*	Miesmuscheln mit Pommes frites serviert
- moules marinières *w*	Muscheln, die in Weinsud mit Schalotten gedünstet werden
mouliné de légumes *m*	pürierte Gemüsesuppe
mousse au chocolat *w*	Schokoladenmousse
mousse de canard (au porto) *m*	Entenstreichpastete (mit Portwein)
mousseline, sauce *w*	schaumige Bechamelsauce
mousseux *m*	Sekt
moût *m*	Weinmost
moutarde *w*	Senf
- à l'ancienne	nach alter Art mit Weißwein
- au poivre	Pfeffersenf
- aux herbes	Kräutersenf
- douce	mild
- extra-forte	extra scharf
- forte	scharf
- mi-forte	mittelscharf
- moutarde de Dijon *w*	Dijon-Senf (Burgund)
- moutarde de Meaux *w*	Senf nach alter Art mit Weißwein. Es existieren zahlreiche weitere Senf-Spezialitäten (Île-de-France)
- moutarde de Reims *w*	Dieser Senf wird mit Champagneressig zubereitet (Est)

- moutarde violette de Brive *w*	lilafarbener Senf mit Most hergestellt (Corrèze)
mouton *m*	Hammel
mulet *m*	Meeräsche
Munster *m*	runder, kräftiger Weichkäse aus Kuhmilch mit einer gelben Rinde (Elsass)
mûr	reif
mûre *w*	Brombeere
Muscadet	trockener, aromatischer Weißwein (Loiretal)
muscat	Muscat, Süßwein
museau *m*	Maul
myrte *w*	Myrte
myrtille *w*	Heidelbeer
napper	glasieren
naturel	natürlich
navarin printanier *m*	Hammelragout mit Frühgemüse
navet *m*	weißes Rübchen
navette de Marseille *w*	Orangenblütenwassergebäck in Schiffchenform (Marseille)
nectar *m*	Nektar
nectarine *w* (*od.* brugnon) *m*	Nektarine
Neufchâtel *m*	Weichkäse aus Kuhmilch (Normandie)
nids d'Alsace *m pl*	Nudelnester
niniche de Bordeaux *w*	weiche Karamellbonbons (Bordeaux)
Niolo *m*	würziger Weichkäse aus Ziegenrohmilch in viereckiger Form (Korsika)
noisette (café) *m*	Espresso mit ein bisschen Milch oder Sahne
noisette de beurre *w*	Stückchen Butter
noisette *w*	Haselnuss
noix *w* (Kalb)	Nuss
noix *w*	Walnuss

- cerneau de noix *m*	Walnusskern
- noix de cajou *w*	Cashew
- noix de coco *w*	Kokosnuss
- noix de muscade *w*	Muskatnuss
- noix de pécan *w*	Pekannuss
noix de Saint-Jacques *w*	»Nuss«, Fleisch der Jakobsmuschel
nougat de Montélimar *m* (Süßware)	Nougat (Drôme)
nougat *m*	Nugat
nougatine *w*	Krokant
nouilles (*od.* pâtes) *w pl*	Nudel
nouvelle cuisine *w*	Nouvelle Cuisine, »Neue Küche«
noyau *m*	Kern
odeur *w*	Geruch, Duft
œnologue *m*	Önologe, Önologin
œuf *m*	Ei
- œuf entier *m*	ganzes Ei
- œuf fermier *m*	Ei vom Bauernhof
- œuf frais *m*	frisches Ei
- œuf de caille *m*	Wachtelei
- œuf de poule *m*	Hühnerei
- blanc d'œuf *m*	Eiweiß
- jaune d'œuf *m*	Eigelb
- blanc en neige *m*	Eischnee
- œuf à la coque *m*	weich gekochtes Ei
- œuf au plat *m*	Spiegelei
- œuf dur *m*	hart gekochtes Ei
- œufs brouillés *m pl*	Rührei
- œufs pochés *m pl*	pochiertes Ei
œufs au lait *m pl*	Eierpudding
œufs cocotte *m pl*	Ei in einem kleinen Gefäß gebacken
œufs de lompe (*od.* lump) *m pl*	kleine Fischeier, schwarz oder rot gefärbt; Alternative zu Kaviar, »Deutscher Kaviar«

œufs mimosa *m pl*	halbierte, hart gekochte Eier, deren Gelb mit Mayonnaise vermischt ist
offre spéciale *w*	Sonderangebot
oie *w*	Gans
oignon *m*	Zwiebel
- oignon blanc *m*	Frühlingszwiebel
- oignon doux *m*	milde Zwiebelsorte
- oignon grelot *m*	ganz kleine Zwiebelsorte
- oignon jaune *m*	Gemüsezwiebel
- oignon rouge *m*	rote Zwiebel
olive *w*	Olive
- olive dénoyautée *w*	Olive ohne Kern
- olive farcie *w*	gefüllte Olive
- olive noire *w*	schwarze Olive
- olive verte *w*	grüne Olive
olivette *w*	kleine längliche Tomate
omelette *w*	Omelett
- omelette aux cèpes *w*	Steinpilzomelett (Landes)
- omelette aux truffes *w*	Trüffelomelett (Quercy-Périgord)
- omelette de la mère Poulard *w*	lange geschlagenes Omelett, in Butter gebraten (Normandie)
- omelette norvégienne *w*	Biskuit mit Eis, mit Baiser überbacken und flambiert
onctueux	cremig, sähmig
onglet *m* (Rind)	Beefsteakstück aus der Zwerchfellmuskulatur
Opinel	In beinahe jeder französischen Hosentasche findet sich ein Messer der Marke »Opinel«, die in Savoyen beheimatet ist (Savoyen)
orange *w*	Orange
- écorce d'orange confite *w*	Orangeat
- orange sanguine *w*	Blutorange
orangeade *w*	Getränk aus Wasser, Orangensaft und Zucker
orge *m*	Gerste

orgeat *m*	Mandelsirup
origan *m*	Oregano
origine *w*	Herkunft
ormeau *m*	Seeohr
ortie *w*	Brennnessel
os *m*	Knochen
- os à mœlle *m*	Knochenmark
oseille *w*	Sauerampfer
oseille, sauce à l' *w*	Sauerampfersauce
Ossau Iraty *m*	Schafskäse aus Rohmilch (Baskenland-Béarn)
oursin *m*	Seeigel
ouvre-boîte *m*	Dosenöffner
ouvre-bouteille *m*	Flaschenöffner
ouvrir	öffnen
pageot *m*	Rotbrasse
pain *m*	Brot
- pain au chocolat *m* (*od.* chocolatine, Name in Südost-Frankreich *w*)	Schokocroissant
- pain au lait *m*	Milchbrötchen
- pain au levain *m*	Sauerteigbrot
- pain aux céréales *m*	Körnerbrot
- pain aux noix *m*	Walnussbrot
- pain aux raisins *m*	Rosinenbrötchen
- pain azyme *m*	Matze
- pain bagnat *m*	Brot mit Gemüse und Thunfisch oder Anchovis (Provence)
- pain bio *m*	Biobrot
- pain brioché *m*	süßes Hefebrot
- pain complet *m*	Vollkornbrot (nicht vergleichbar mit einem deutschen Vollkornbrot)
- pain d'épices de Dijon *m*	Honigkuchen mit kandierten Früchten und Mandeln (Burgund)

- pain d'épices *m*	Pfefferbrot, Lebkuchen, Honigkuchen
- pain de campagne *m*	Landbrot
- pain de mie *m*	Toastbrot
- pain de seigle *m*	Roggenbrot
- pain épi *m*	Brot in Form eines Weizenkolbens
- pain grillé *m*	getoastetes Brot
- pain perdu *m*	armer Ritter
- pain poilâne *m*	Sauerteigbrot, benannt nach seinem Erfinder, dem Bäcker Poilâne
- pain polka *m*	flaches Weißbrot
- pain surprise *m*	großes Brot gefüllt mit Mini-Sandwichs
palet breton *m*	kreisförmiger dicker Butterkeks (Bretagne)
palette de porc *w*	Schweineschulter
palmier *m*	Schweinsohr
palombe *w*	Ringeltaube
palourde *w* (*in der Provence auch:* clovisse *w*)	Venusmuschel
pamplemousse *m*	Grapefruit, Pampelmuse
panais *m*	Pastinake
pané	paniert
pangas *m*	Pangasius
panier *m*	Tasche
panse *w*	Pansen
panure *w*	Paniermehl
papillote (en papillote) *w*	in gefalteter Alufolie gekocht
paprika *m*	Paprikagewürz
paquet *m*	Paket
parfait au café *m*	Mokkaparfait
parfumé (au, avec)	mit Geschmack (von)
parfumer	aromatisieren
Paris-Brest *m*	Kranz aus Brandteig mit Butter-Mandelcremefüllung (Île-de-France)
pastèque *w*	Wassermelone

pasteuriser	pasteurisieren
pastille *w*	Pastille
- pastille de Vichy *w*	achteckige Pastille, salzig und süß zugleich, mit Pfefferminzgeschmack (Allier)
Pastis *m*	Anislikör, wird mit Wasser vermischt (Südfrankreich)
patate (*od.* pomme de terre) *w*	Kartoffel
- patate douce *w*	Süßkartoffel
pâte *w*	Teig
- pâte brisée *w*	Mürbeteig, nicht süß
- pâte feuilletée *w*	Blätterteig
- pâte sablée *w*	süßer Mürbeteig
- pâte à chou *w*	Brandteig
- pâte à tartiner *w*	süßer Brotaufstrich
pâte de coing *w*	Quittengelee (Franche-Comté)
pâte de fruits *w*	Fruchtgelee
pâté *m*	Pastete
- pâté de campagne *m*	Landpastete
- pâté de Chartres *m*	Fleischpastete im Teigmantel (mit jungem Rebhuhn- oder Entenfleisch, mit Kalbs- und Schweinefleischfüllung, Geflügelleber, Weißwein, Cognac) (Eure et Loire)
- pâté de foie de volaille *m*	Geflügelleberpastete
- pâté de grive *m*	Drosselpastete (Est)
- pâté de merles *w*	Amselpastete (Korsika)
- pâté de tête persillé (*od.* fromage de tête) *m*	Presssack, Presskopf, Schweinskopfsülze mit Peterslilie
- pâté en croûte *m*	Fleischpastete im Teigmantel
pâtes (*od.* nouilles *w pl*)	Nudeln
pâtisserie *w*	Konditorei, Kuchen und Konditoreiware
pâtissier *w*	Konditor
pâtisson *m*	Patisson-Kürbis
patron(ne) *m/w*	Wirt, Wirtin

französisch - deutsch

paupiette de veau *w*	Kalbsroulade
paupiette *w* (Kalb)	Roulade
pavé *m*	rechteckig geschnittenes Filetstück; viereckiges Weißbrot
pavot *m*	Mohn
peau *w*	Haut, Schale
Pécharmant	milder Rotwein (Südwest-Frankreich)
pêche melba *w*	Süßspeise aus Pfirsicheis
pêche *w*	Pfirsich (*blanche:* weiß, *jaune:* gelb, *de vigne:* Plattpfirsich)
pelure *w*	Haut, Schale von Früchten und Gemüsen
pépin *m*	Kern (bei Früchten)
perche *w*	Barsch
perdreau *m*	junges Rebhuhn
perdrix *w*	Feldhuhn
Perrier *m*	Mineralwasser mit Kohlensäure (Gard)
persil *m*	Petersilie
- persil de la mer *m*	Algenmischung
- persil frisé *m*	krause Petersilie
- persil plat *m*	glatte Petersilie
peser	wiegen
pet-de-nonne *m*	kleiner runder Krapfen
pétale *m*	sehr dünne Scheibe
Petit Chablis	trockener Weißwein (Burgund)
petit commerçant *m*	kleine Fachgeschäfte eines Stadtteils (Bäckerei, Metzgerei etc.)
petit pain *m*	Brötchen
petit pot *m*	Babynahrung
petit sablé *m*	runder Keks aus Mürbeteig
petit salé aux lentilles *m*	gepökeltes Schweinefleisch mit Linsen
petit salé *m*	gepökeltes Schweinefleisch
petit-beurre *m*	Butterkeks
petit-déjeuner *m*	Frühstück

petits fours *m pl*	Häppchen, meist aus Blätterteig
petits pois *m pl*	Erbsen
- petits pois carottes *pl*	Erbsen und Möhren
- petits pois lardons *m pl*	Erbsen mit Speck
petit-suisse *m*	kleiner, runder, fetthaltiger Frischkäse (Normandie)
pétoncle *w*	kleine Jakobsmuschel
physalis (*od.* amour en cage) *w*	Physalis (»Liebe im Käfig«)
pichet *m*	offener Wein
Picodon *m*	fetthaltiger Ziegenweichkäse (Dauphiné)
pièce montée *w*	mehrstöckiger Kuchen oder Torte zu Hochzeit, Taufe oder Kommunion
pièce *w*	Stück
pied de bœuf *m*	Rindsfuß
pied de cochon à la Sainte-Menehould *m*	nach langen Stunden Kochzeit panierter und gegrillter Schweinefuß (Est)
pied de couteau *m*	Scheidenmuschelfuß
pied de mouton *m*	Semmelstoppelpilz
pied *m*	Fuß
- pied de porc *m*	Schweinsfuß
- pied de veau *m*	Kalbsfuß
pigeon *m*	Taube
pigeonneau *m*	Täubchen
pignon *m*	Pinienkern
piment *m*	Piment bzw. Chili
- piment d'Espelette *m*	Piment aus dem Baskenland
- piment de Cayenne *m*	Cayennepfeffer
pince *w*	Schere eines Krustentiers
pincée *w*	Prise
Pineau des Charentes *m*	Apéritif, Mischung aus Traubensaft und Cognac (Charente Maritime)
Pinot blanc	Weißburgunder
Pinot gris	Grauburgunder
Pinot noir	Spätburgunder

pintade *w*	Perlhuhn
pinyata de Collioure *w*	Gericht aus Kalmar, kleinen Krabben, Langustinen, Felsenfischen und Tomaten (Pays Catalan)
pipérade *w*	Tomate-Paprika-Omelett
piquant	scharf
pique-nique *m*	Picknick
pissaladière *w*	eine Art Pizza mit Anchovis, Oliven, Zwiebeln und Knoblauch belegt (Südfrankreich)
pissenlit *m*	Löwenzahn
pistache *w*	Pistazie
pistolet *m*	kleines Brötchen
pistou (*od.* sauce au pistou) *m*	Mischung aus Basilikum, Olivenöl, Knoblauch
pithiviers *m*	runder Blätterteigkuchen mit Mandelfüllung (Centre)
Pithiviers *m*	Weichkäse aus Kuhmilch (Zentrum)
planchette (de charcuterie) *w*	kleine Holzplatte (mit Wurstauswahl)
plat de côte *m* (Schwein)	hohe Rippe
plat *m*	Gang, Gericht, Platte, Form
- plat cuisiné *m*	Fertiggericht
- plat du jour *m*	Tagesgericht
- plat préparé *m*	Fertiggericht
- plat surgelé *m*	Tiefkühlgericht
- plats à emporter *m pl*	Fertiggerichte zum Mitnehmen
plateau *m*	Platte
- plateau de fruits de mer *m*	Meeresfrüchteplatte (Bretagne)
plate-côte *w* (Rind)	Spannrippe
pleurote *w*	Austernpilz
plie *w* (*od.* carrelet *m*)	Goldbutt, Scholle
poché	pochiert
pocher	pochieren
poêle (à la)	in der Pfanne zubereitet
poêlée *w*	Pfannengericht

poids *m*	Gewicht
point (à)	medium
pointe d'asperge *w*	Spargelspitze
poire Belle-Hélène *w*	pochierte Birne mit Vanilleeis und Schokoladensauce
poire *w*	Birne
poireau *m*	Lauch, Porree
pois cassé *m*	Trockenerbse
pois chiche *m*	Kichererbse
pois gourmands (*od.* pois mange-tout) *m pl*	Zuckererbsen
poisson *m*	Fisch
- poisson d'eau douce *m*	Süßwasserfisch
- poisson de mer *m*	Seefisch
- poisson de roche *m*	Fische, die am Felsen leben (Mittelmeer)
poissonnerie *w*	Fischladen
poissonnier *m*	Fischhändler *m*
poitrine *w* (Schwein)	Bauch
poitrine *w*	Brust
poivre *m*	Pfeffer
- 5 baies	bunter Pfeffer
- blanc	weißer Pfeffer
- gris	gemahlener schwarzer Pfeffer
- noir	schwarzer Pfeffer
- rose	rosa Pfeffer
- vert	grüner Pfeffer
poivré	gepfeffert
poivrière *w*	Pfefferstreuer
poivron farci *m*	gefüllte Paprika
poivron *m*	Paprika (*rouge:* rot, *vert:* grün, *jaune:* gelb)
pomme *w*	Apfel (*quartier m*: Viertel)
- pomme au four *w*	im Ofen gebackener Apfel
- pommes et poires tapées *w pl*	getrocknete, platt geschlagene Äpfel und Birnen

pommeau *m*	Apéritif bzw. Digestif aus Apfelsaft und Calvados oder Lambig (Bretagne)
pomme de terre (*od.* patate) *w*	Kartoffel
- pommes (de terre) dauphines *w pl*	Kartoffelkroketten
- pommes de terre à l'eau *w pl*	Salzkartoffeln
- pommes de terre à la Sarladaise *w pl*	in Gänsefett gebratene Kartoffeln mit Steinpilzen (Quercy-Périgord)
- pommes de terre en robe des champs *w pl*	Pellkartoffeln
- pommes de terre sautées *w pl*	Bratkartoffeln
- pommes vapeurs *w pl*	Dampfkartoffeln
Pont-l'Évêque *m*	gelblicher Weichkäse aus Kuhmilch (Normandie)
porc *m*	Schwein
porcelet *m*	Jungschwein
porto *m*	Portwein
Port-Salut *m*	Weichkäse aus Kuhmilch, ursprünglich von Trappisten hergestellt (Charentes Maritimes)
pot *m*	Glas, Gefäß
potage *m*	Suppe
- potage Saint-Germain *m*	Trockenerbsensuppe mit Salat (Île-de-France)
pot-au-feu *m*	langsam gekochtes Rindfleisch, serviert mit Karotten, Lauch, Rüben, Zwiebeln, Sellerie und einem Stück Knochenmark (Île-de-France)
potée *w*	Fleischeintopf ohne Brühe mit Gemüse serviert (Möhren, Lauch, Kartoffeln, Sauerkraut etc.)

potimarron *m*	Hokkaidokürbis
potiron *m*	Riesenkürbis
potjevleesch *m* (*od.* potjevleisch)	Stückfleisch (Huhn, Kaninchen, Kalb und Schwein) in Aspik. Dieses kalte Gericht kann mit sehr warmen Pommes frites serviert werden, damit das Gelee leicht schmilzt (Nord)
pouce-pied *m*	Entenmuschel
Pouilly-Fuissé	intensiver Weißwein (Burgund)
poularde (de Bresse) *w*	Masthuhn, Poularde
poule *w*	Huhn
- poule au pot *w*	gefülltes Huhn in Brühe mit Lauch, Möhren und Steckrüben gekocht
poulet *m*	Hähnchen, Hühnchen
- poulet basquaise *m*	Hähnchen geschmort mit Tomaten, Paprika, Zwiebeln und Knoblauch
- poulet bercy *m*	Hähnchen mit einer Weißwein-Schalotten-Sauce (Île-de-France)
- poulet fermier *m*	Hähnchen vom Kleinbauern
- poulet rôti à la broche *m*	Hähnchen am Spieß gebraten
- poulet rôti *m*	Brathähnchen
- poulet-frites *m*	Hähnchen mit Pommes frites
poulpe *m*	Tintenfisch
pousses d'épinards *w pl*	junger Spinat
praire *w*	Venusmuschel
praline *w*	Bonbon aus in Zucker gebrannten Mandeln
- pralines de Montargis *w pl*	Mandeln in einer Zuckerhülle (Loiret)
précuit	vorgebacken
préfou *m*	Brot mit Knoblauch und Butter (Vendée)
primeur *m*	Frühgemüse, Gemüse- und Früchtehändler, Frühwein

prisuttu *m*	roher Schinken (Korsika)
prix *m*	Preis
producteur *m*	Hersteller
produit *m*	Erzeugnis, Produkt
- produits du terroir *m pl*	regionale Erzeugnisse
- produits fermiers *m pl*	Erzeugnisse vom Bauernhof
- produits frais *m pl*	frische Lebensmittel
- produits surgelés *m pl*	tiefgekühlte Lebensmittel
profiterole *m*	kleiner gefüllter Windbeutel
promotion *w*	Sonderangebot
propriété *w*	Weingut
prune *w*	Pflaume
pruneaux (d'Agen) *m*	Backpflaume
- pruneaux au chocolat *m*	getrocknete Pflaumen in dunkler Schokolade (Quercy-Périgord)
pulpe *w*	Fruchtfleisch
pur beurre	nur mit Butter
pur jus pressé *m*	gepresster Saft
purée *m*	Püree
qualité *w*	Qualität
quantité *w*	Menge
quatre-épices *m*	Gewürzmischung mit schwarzem Pfeffer, Gewürznelke, Muskatnuss und Ingwer oder Zimt
quatre-quarts *m*	Kuchen aus je einem Viertel Milch, Zucker, Mehl und Butter, entspricht dem Sandkuchen
quenelle *w*	längliches Klößchen
- quenelle de Brochet *w*	längliches Klößchen aus Hechtfleisch (Lyonnais)
quetsche *w*	Zwetschge
queue *w*	Schwanz
quiche *w*	herzhafte Torte mit diversen Gemüsen, Fleisch oder Käsen, immer mit einer Eier-Crème-fraîche-Mischung

- quiche lorraine *w*	herzhafte Torte mit Speck (Alsace-Lorraine)
quignon *m*	Endstück vom Brot
quinquina (vin de) *m*	Chinarinde-Apéritif
râble *m*	Hasenrücken
racine *w*	Wurzel
raclette *w*	Raclettekäse, im Pfännchen geschmolzen und auf Kartoffeln serviert (Savoyen)
radis noir *m*	schwarzer Rettich
radis rose *m*	Radieschen
ragoût *m*	Ragout
raie *w*	Rochen
raifort *m*	Meerrettich
raisin *m*	Weintraube (*rouge:* rot, *blanc:* weiß)
raisin sec *m*	Rosine
ramequin *m*	Förmchen
râpé	gerieben
rapide	schnell
ras el hanout *m*	nordafrikanisches Gewürz, u. a. im Couscous benutzt
rascasse *w*	Drachenkopf
ratatouille *w*	Ratatouille, Gemüseeintopf mit Sommergemüsen (Paprika, Tomaten, Zucchini, Zwiebeln und Auberginen) und Thymian (Provence)
ravigote, sauce *w*	Sauce mit Kapern und Kräutern (Petersilie, Estragon, Schnittlauch)
raviole *w*	mit Emmentaler, Frischkäse und Petersilie gefüllte Teigtäschchen (Dauphiné)
raviole *w*	Ravioli
rayon *w*	Abteilung in einem Supermarkt
rayon frais *w*	Kühltheke
Reblochon *m*	fetthaltiger Weichkäse aus Kuhmilch (Savoyen)

recette *w*	Rezept
recommandé par	empfohlen von
réglisse *m od. w*	Lakritz, Süßholz
- réglisse d'Uzes *w*	Lakritz (Gard)
religieuse *w*	ein kleiner auf einem großen gefüllten Windbeutel, mit Schokolade überzogen
repas *m*	Essen
requin *m*	Hai
réservation *w*	Reservierung
restauration rapide *w*	schnelle Küche, Fastfood
reste *m*	Rest
rhubarbe *w*	Rhabarber
rhum *m*	Rum
- rhum blanc (*od.* agricole) *m*	weißer Rum
- rhum brun *m*	brauner Rum
- rhum ambré *m*	brauner Rum
Riesling	trockener, fruchtiger Weißwein (Elsass)
rigadeau *m*	Herzmuschel
rillettes de thon, de saumon *w pl*	Thunfisch- oder Lachsaufstrich
rillettes *w pl* (berühmt: aus Le Mans)	Schweine- oder Gänsefleisch, im eigenen Fett konserviert, traditionell auf Brot gegessen
rince-doigts *m*	Reinigungstuch, Fingerschale
rinquinquin *m*	Pfirsichwein
ris *m* (Kalb, Lamm)	Bries
- ris de veau *m*	Kalbsbries
rissolé, e	durch starke Hitze gebräunt
rivesaltes	Süßwein
riz *m*	Reis
- riz au lait *m*	Milchreis
- riz complet *m*	Vollkornreis
- riz long *m*	Langkornreis
- riz pilaf *m*	Reis mit Zwiebeln
- riz rond *m*	Rundkornreis
- riz sauvage *m*	Wildreis

Rocamadour *m*	kleiner, runder, flacher Ziegenkäse (Quercy)
rognons *m pl*	Nieren
rollmops *m*	Rollmops
romarin *m*	Rosmarin
rondelle de saucisson *w*	runde Wurstscheibe
Roquefort *m*	Schafsblauschimmelkäse (Midi-Pyrénées)
roquette *w*	Rucola, Rauke
rosbif *m*	Roastbeef
rose des sables *w*	mit Schokolade überzogene Knusperflocken
Rosette de Lyon *w*	würzige luftgetrocknete Wurst im Netz aus bestem Schweinefleisch (Lyonnais)
rôti *m*	Braten, gebraten
- rôti d'agneau *m*	Lammbraten
- rôti de bœuf *m*	Rinderbraten
- rôti de porc *m*	Schweinebraten
- rôti de veau *m*	Kalbsbraten
rôtisserie *w*	Grillrestaurant
rôtissoire *w*	Grillgerät
rouelle *w*	rund geschnittes Stück Schweinshaxe oder Kalbsschenkel
rouget barbet *m*	Rotbarbe
rouget *m*	rote Meerbarbe
rouille *w*	scharfe Sauce mit Knoblauch, Piment, Safran und Olivenöl, serviert zu Fischsuppen
roussette *w*	Katzenhai
Routiers (Relais)	1934 eingeführte Fernfahrerrestaurants, die man entlang den *routes nationales* (Landstraßen) findet. Sie bieten traditionelle und regionale Küche für wenig Geld. Nicht nur für Fernfahrer!
rumsteack *m*	Rumpsteak
rutabaga *m*	Steckrübe

sablé *m*	Keks aus Mürbeteig, Sandgebäck
sac (plastique) *m*	(Plastik)Tasche
safran *m*	Safran
saignant	blutig
saindoux *m*	Schweineschmalz
Sainte-Maure *w*	gerollter Ziegenkäse, durch dessen Mitte ein Strohhalm verläuft, auf dem die AOC-Angaben verzeichnet sind (Zentrum)
Saint-Émilion	vollmundiger, intensiver Rotwein (Bordeaux)
Saint-Félicien *m*	Weichkäse aus Roh- oder pasteurisierter Milch, mit leichtem Alkoholaroma, jedoch alkoholfrei! (Ardèche)
Saint-Honoré *m*	Kuchen aus Blätterteig mit Füllcreme und Windbeuteln (Île-de-France)
Saint-Marcellin *m*	kleiner, runder Weichkäse aus Kuhmilch (Dauphiné)
Saint-Nectaire *m*	runder, halbfester Kuhmilchkäse mit Nussgeschmack (Auvergne)
Saint-Pierre *m*	Petersfisch
saison, de saison *w*	Saison, Jahreszeit
salade *w*	Salat
- salade composée *w*	Salatteller
- salade de fruits *w*	Obstsalat
- salade de lentilles vertes du Puy *w*	Linsensalat mit Speck und Schinken (Haute Loire)
- salade niçoise *w*	Salat aus hart gekochten Eiern, Tomaten, Gurken, Artischocken, Paprika, Anchovis und schwarzen Oliven (Côtes d'Azur)
- salade verte *w*	grüner Salat

salaison *w*	Methode zur Konservierung mit Salz (pökeln); Fabrik, die diese Methode anwendet
salé	gesalzen
Salers *m*	Hartkäse aus Kuhrohmilch (Auvergne)
salicorne *w*	Queller, »Meeresspargel«
salière *w*	Salzstreuer
salon de thé *m*	Teestube
salsifis *m*	Schwarzwurzel
Sancerre (Rotwein)	milder, aromatischer Rotwein (Loiretal)
Sancerre (Weißwein *u.* Rosé)	trockener, fruchtiger Weißwein und Rosé (Loiretal)
sandre *m*	Zander
sandwich *m*	Sandwich
- parisien (*od.* jambon-beurre)	Baguette mit Kochschinken und Butter
sanglier *m*	Wildschwein
sanguette *w*	Galette aus Speck oder Schinken und Geflügelblut, in Scheiben auf Brot serviert (Gascogne)
sans	ohne
- sans sel	salzlos
- sans sucres ajoutés	ohne Zuckerzusatz
sardine *w*	Sardine
sardines à l'huile *w pl*	Ölsardinen
sarrasin *m*	Buchweizen
sarriette *w*	Bohnenkraut
sauce *w*	Sauce
saucisse *w*	Wurst
- saucisse de Francfort *od.* de Strasbourg *w*	»Frankfurter«, »Straßburger«, Würstchen
- saucisse de Montbéliard *w*	längliche, würzige, leicht geräucherte Wurst (Franche-Comté)
- saucisse de Morteau *w*	grobe, dicke, geräucherte Wurst, oft geschnitten serviert (Franche-Comté)

- saucisse de Toulouse *w*	rote, magere Wurst, die im Cassoulet serviert wird (Toulouse)
- saucisse plate *w* (*od.* crépinette *w*)	kleine, flache Wurst im Schweinenetz
- saucisse sèche *w*	luftgetrocknete Salami, meist in U-Form
saucisson sec *m*	luftgetrocknete Wurst
saucisson à l'ail *m*	Knoblauchwurst
- rondelle de saucisson *w*	runde Wurstscheibe
sauge *w*	Salbei
saumon *m*	Lachs
- saumon fumé *m*	geräucherter Lachs
saumonette *w*	Katzenhai
Saumur (Rotwein)	fruchtiger Rotwein (Loiretal)
Saumur (Weißwein)	fruchtiger, aromatischer Weißwein (Loiretal)
saumure *w*	Salzlake
sauté(es)	gebraten, geschmort
- sauté d'agneau *m*	geschmortes Lammfleisch
- sauté de porc *m*	geschmortes Schweinefleisch
Sauternes	edelsüßer Weißwein (Bordeaux)
savarin *m*	ringförmiger Hefekuchen, mit Alkohol getränkt
saveur *w*	Geschmack
savoir-faire *m*	Könnerschaft
scarole *w*	Endivie
sec	trocken
sèche *w*	dünnes, rundes Gebäck aus Blätterteig, mit Butter und karamellisiertem Zucker (Franche-Comté)
secouer	schütteln
seiche *w*	Tintenfisch
seigle *m*	Roggen
sel *m*	Salz
- de mer de sel *m*	Meersalz
- fleur de sel *m*	besonders edles Meersalz, zum Verfeinern eines Gerichts

	kurz vor dem Servieren benutzt
- gros sel *m*	grobes Kochsalz
- pincée *w*	Prise Salz
- sel fin *m*	Tafelsalz
self-service	Selbstbedienungsrestaurants werden Sie eher in großen Supermärkten oder an Autobahnraststätten finden. Hier geht man mit einem Tablett an einer Theke entlang und wählt seine Gerichte aus.
selle *w* (Lamm)	Sattel
semoule *w*	Grieß (*semoule de blé dur w:* Hartweizengrieß)
- semoule de blé dur *w*	Hartweizengrieß
- semoule de maïs *w*	Polenta
serveur *m*	Ober
service *m*	Bedienung
service compris	Trinkgeld inklusive
service continu *m*	Küche ganztägig geöffnet
sésame *m*	Sesam
silure *w*	Wels
sirop *m*	Sirup
- sirop à l'eau *m*	Glas Wasser mit Sirup
- sirop d'érable *m*	Ahornsirup
soda *m*	Sodagetränk
soja *m*	Soja
sole *w*	Seezunge
sorbet *m*	Fruchteis
soubise, sauce *w*	Zwiebelsauce
souche *w* (*od.* cep *m*)	Rebstock
soufflé *m*	Soufflé, sehr leichter Auflauf
soupe *w*	Suppe
- soupe à l'oignon *w*	Zwiebelsuppe
- soupe au chou *w*	Kohlsuppe
- soupe au pistou *w*	Suppe mit Bohnen, Sommergemüsen, Basilikum, mit einer cremigen Sauce aus

	Basilikum, Pinienkernen und Knoblauch (Südfrankreich)
- soupe aux baraquets *m*	sehr langsam gekochte Suppe mit Bohnen *(baraquet)*, Kartoffeln und Kalbfleisch (Languedoc-Roussillon)
- soupe aux cerises *w*	geschmacksintensive Kirschsuppe mit Kirschlikör und Croûtons (Franche-Comté)
- soupe de pois chiche *w*	Kichererbsensuppe mit Schweinefleisch (Korsika)
- soupe de poisson *w*	Fischsuppe
sous-vide	vakuum verpackt
spécialité *w*	Spezialität
spéculoos *m*	Spekulatius (Nord)
sprat *m*	Sprotte
steack frites *m*	Beefsteak mit Pommes frites serviert
steack haché *m*	rundes Hacksteak, nur mit Salz und Pfeffer gewürzt
steak tartare *m*	rohes, gehacktes Rindfleisch, mit Kapern, Zwiebeln etc. serviert
strudel *m*	Apfelstrudel (Alsace-Lorraine)
sucette *w*	Lutscher am Stiel
sucre d'orge *m*	Zuckerstange
sucre *m*	Zucker
- cassonade *w*	brauner Rohrzucker
- sucre candi *m*	Kandiszucker
- sucre cristal *m*	Kristallzucker
- sucre de canne *m*	Rohrzucker
- sucre édulcorant *m*	Süßstoff
- sucre en morceaux *m*	Würfelzucker
- sucre en poudre *m*	Streuzucker
- sucre gélifiant *m*	Gelierzucker
- sucre glace *m*	Puderzucker
- sucre roux *m*	Rohrzucker
- sucre vanillé *m*	Vanillezucker

sucré	gezuckert, süß
sucreries *w pl*	Süßwaren
superette *w*	kleiner Supermarkt
supermarché *m*	Supermarkt mittlerer Größe
supplément *m*	Zuschlag, Aufpreis
sureau *m*	Holunder
Suze *w*	Enzianschnaps
Sylvaner	trockener, aromatischer Weißwein (Elsass)
table *w*	Tisch
tablier de sapeur *m*	in Weißwein marinierter Pansen, paniert und gebraten (Lyonnais)
tablier *m*	Schürze
taboulé *m*	Taboulé
tacaud *m*	Franzosendorsch
tanche *w*	Schleie
tapenade *w*	pürierte grüne oder schwarze Oliven mit Anchovis und Kapern. Wird zu Gemüsen und kaltem Fisch serviert oder auf Brot und Gebäck gestrichen (Südfrankreich)
tapioca *m*	Sago
tartare *m*	Tartar
tartare, sauce *w*	Mayonnaisesauce mit Kapern, Gewürzgurken und Kräutern
tarte *w*	Torte, Kuchen (süß oder auch salzig)
- tarte (meringuée) au citron *w*	Zitronentorte mit Baiser überbacken
- tarte au sucre *w*	Zuckertorte (Nord)
- tarte aux abricots *m*	Aprikosentorte
- tarte aux pommes *w*	Apfeltorte
- tarte fine *w*	Torte aus Blätterteig mit Früchten oder salzigen Zutaten
- tarte Tatin *w*	gestürzter karamellisierter Apfelkuchen
- tarte flambée *od.* flammenküche	Flammkuchen (Alsace-Lorraine)

französisch - deutsch

tartelette aux fruits *w*	kleine Fruchttörtchen
tartiflette *w*	Kartoffeln und Speck, mit Reblochon-Käse überbacken (Savoyen)
tartine *w*	Brotscheibe
- tartine de Lionel Poilâne *w*	belegtes Poilâne-Brot (abgeleitet vom Namen eines berühmten Pariser Bäckers) (Île-de-France)
taureau *m*	Bulle
tenancier *m*	Café-/Kneipenbesitzer
tendron de veau *m*	Kalbsbrust
terrasse *w*	Terrasse
terrine *w*	Terrine, spezielles Gefäß; Pastete, die in dieser Form zubereitet wird
- terrine de campagne *w*	Landterrine
- terrine de foies de volaille *w*	Geflügelleberterrine
- terrine de jambon *w*	Schinkenterrine
- terrine de sanglier *w*	Wildschweinterrine (Korsika)
terroir *m*	Region (wird immer mehr benutzt, um Spezialitäten einer Region zu bezeichnen)
tête de veau *w*	Kalbskopf
teurgoule *w*	Milchreis (Normandie)
thé au citron *m*	schwarzer Tee mit einer Scheibe Zitrone
thé *m*	Tee
- thé nature *m*	schwarzer Tee
- thé parfumé *m*	aromatisierter schwarzer Tee
- thé rouge *m*	Rooibostee
- thé vert *m*	grüner Tee
thon *m*	Thunfisch
thym *m*	Thymian
ticket de caisse *m*	Kassenbon
tilleul *m*	Lindenblüten(tee)
tire-bouchon *m*	Korkenzieher

tisane *w*	Kräutertee, der nach dem Abendessen serviert wird
tomate *w*	Tomate
- tomate farcie *w*	gefüllte Tomate
- tomate-cerise (*od.* cocktail) *w*	Kirschtomate
- tomates à la provençale *w pl*	halbierte Tomate, mit Petersilie und Knoblauch in der Pfanne gebraten (Provence)
Tomme de Savoie *w*	Bergkäse aus Kuhmilch mit einer grauen Rinde (Savoyen)
topinambour *m*	Topinambur
toque *w*	Kochmütze
Touraine (Rotwein)	aromatischer Rotwein (Loiretal)
Touraine (Weißwein *u.* Rosé)	trockener, aromatischer Weißwein und Rosé (Loiretal)
tourin *m*	Knoblauch- und Brotsuppe (Quercy-Périgord)
tournedos *m* (Rind)	dicke Filetscheibe
touron *m*	Mandel-Honig-Nougat (Pays Catalan)
tourte *w*	salzige gefüllte Torte
tourteau *m*	Taschenkrebs
tourteau fromager *m*	süß-herzhafter Kuchen mit Ziegenkäse, in typisch runder Form mit schwarzer oberer Hälfte (Poitou-Charentes)
tradition *w*	Tradition
traditionnel, le	traditionell
traiteur *m*	Geschäft, in dem man fertige Gerichte kaufen kann
tranche *w*	Scheibe, Schnitte
travers de porc *m*	Kotelettstrang mit Bauch
tremper	tunken
tresse (d'ail, d'oignon) *w*	Zwiebel- oder Knoblauchzopf
trévise *w*	Radicchiosalat
trinquer (santé, à la vôtre)	anstoßen (auf die Gesundheit von jemandem)

triperie *w*	Geschäft, das nur Innereien verkauft
tripes *w pl*	Kaldaunen, Innereien
- tripes à la mode Caen *w pl*	Gericht von Kaldaunen, zubereitet mit Karotten, Zwiebeln und Calvados (Normandie)
tripoux aux lentilles *m pl*	mit Pansen und Kalbsfleisch gefüllte Pansen, mit Petersilie, Knoblauch und Zwiebeln gekocht (Auvergne)
trognon *m*	Strunk
trompette de la mort *w*	Herbstrompette
truffade *w*	Kartoffelgericht mit Speck und frischem Tomme-Käse (Auvergne)
truffe *w*	Trüffel
truffé, e	getrüffelt
truffes au chocolat *w pl*	Schokoladentrüffel
truite *w*	Forelle
- truite fumée *w*	geräucherte Forelle
tuile au amandes *w*	Mandelgebäck in Rundziegelform
turbot *m*	Steinbutt
TVA (taxe sur la valeur ajoutée) *w*	Mehrwertsteuer (MwSt.)
vache *w*	Kuh
Vache qui Rit (la)	»Die lachende Kuh«, berühmter Schmelzkäse (Franche-Comté)
vacherin *m*	Stück aus Meringemasse, mit Eis und Schlagsahne oder Creme gefüllt
Vacherin Mont d'Or *m*	runder Weichkäse aus Kuhrohmilch, wird nur zwischen dem 15. August und 15. März hergestellt (Franche-Comté)
vanille *w*	Vanille (*gousse w:* Vanillestange, *en poudre w:* Vanillepulver,

	extrait naturel de vanille m: natürlicher Vanilleextrakt)
vapeur *w*	Dampf
variété *w*	Sorte, Rebsorte
veau *m*	Kalb
végétarien	vegetarisch
velouté de légumes *m*	Gemüsecremesuppe
vendange *w*	Weinlese (*vendange tardive w:* Spätlese)
vendeur *m*, vendeuse *w*	VerkäuferIn
vente *w*	Verkauf (*vente direct w:* Direktverkauf)
verger *m*	Obstplantage
vermicelle *m*	Fadennudeln für Suppe
verre *m*	Glas
- verre à eau *m*	Wasserglas
- verre à vin *m*	Weinglas
- verre de dégustation *m*	Probierglas
- vierre à pied *m*	Stielglas
verrine *w*	Vorspeise im Glas präsentiert
verveine *w*	Eisenkrauttee
Verveine du Velay *w*	Eisenkrautliquör (Haute-Loire)
viande *w*	Fleisch
- viande blanche *w*	Geflügelfleisch
- viande froide *w*	kalter Braten
- viande rouge *w*	rotes Fleisch
- viande des Grisons *w*	Büdnerfleisch
Vichy *w*	Quellwasser aus der Kurstadt Vichy (Allier)
vichyssoise *w*	Suppe mit Kartoffeln, Lauch und Schnittlauch
viennois, chocolat ou café	heiße Schokolade oder Kaffee mit Sahne
viennoiserie *w*	Teilchen; Geschäft, in dem Teilchen verkauft werden
Vieux Lille *m* (Nord)	Kuhmilchkäse mit starkem Geruch (auch *Puant de Lille* genannt) (Nord)
vigne *w*	Rebe, Weinberg

vigneron *m*	Winzer
vignoble *m*	Weinberg
vin *m*	Wein
- bouteille *w*	Flasche
- pichet *m*	offener Wein
- verre à vin *m*	Glas
- vin blanc *m*	Weißwein
- vin chaud *m*	Glühwein
- vin de pays *m*	Landwein
- vin de table *m*	Tafelwein
- vin doux naturel *m*	Süßwein
- vin primeur *m*	Frühwein
- vin rosé *m*	Rosé
- vin rouge *m*	Rotwein
vin d'Arbois (Rotwein)	milder, aromatischer Rotwein (Franche-Comté)
vin d'Arbois (Weißwein und Rosé)	milder, aromatischer Weißwein und Rosé (Franche-Comté)
vin de noix *m*	Walnusswein (likörartiger Apéritif)
vin de paille *m*	Strohwein (Franche-Comté)
vin pétillant *m*	Schaumwein, Sekt
- brut	extra trocken
- demi-sec	halbtrocken
- sec	trocken, blanc de blanc
vinaigre *m*	Essig
- vinaigre à l'échalote *m*	Rotweinessig mit Schalotten (meistens zu Austern)
- vinaigre d'alcool *m*	Essigessenz
- vinaigre de balsamique *m*	Balsamico-Essig
- vinaigre de cidre *m*	Apfelessig
- vinaigre de framboise *m*	Himbeeressig
- vinaigre de Meaux *m*	Es existieren zahlreiche Essig-Spezialitäten (Île-de-France)
- vinaigre de vin blanc *m*	Weißweinessig
- vinaigre de vin rouge *m*	Rotweinessig
- vinaigre de vin vieux *m*	Rotweinessig, mit gereiftem Wein zubereitet

- vinaigre de xérès *m*	Sherryessig
vinaigrette *w*	Vinaigrette (Sauce aus Essig, Öl und Senf)
Vin-de-Corse (Rotwein)	fruchtiger, milder Rotwein (Korsika)
Vin-de-Corse (Weißwein *u.* Rosé)	milder Weißwein, Rosé (Korsika)
Vin-de-Savoie (Rotwein)	kräftiger, aromatischer Rotwein (Savoyen)
Vin-de-Savoie (Weißwein)	trockener, aromatischer Weißwein (Savoyen)
violette *w*	Veilchen
- violette de Toulouse *w*	in Zuckersirup getunktes Veilchen (Toulouse)
viscères *w pl*	Eingeweide
viticulteur *m*	Winzer
volaille *w*	Geflügel
volailler *m*	Geflügelhändler
vol-au-vent *m*	Blätterteigpastete
Volvic *w*	stilles Mineralwasser aus der Vulkanregion um Volvic (Puy-de-Dôme)
volume *m*	Menge, Volumen
Vouvray	Weißweine aus dem Loiretal, von lieblich bis trocken
vrac (en)	lose
waterzoï *m*	Huhn- oder Fischeintopf (Nord)
whisky *m*	Whisky (Bretagne)
yaourt *m*	Joghurt
- yaourt nature *m*	Naturjoghurt
- yaourt aromatisé *m*	aromatisierter Joghurt
- yaourt à boire	Trinkjoghurt
zeste *m*	Zeste, hauchdünner Streifen einer Zitrusfruchtschale; ein Hauch von
zinc *m*	Theke
zone fumeurs *w*	Raucherzone
zone non-fumeurs *w*	Nichtraucherzone

Deutsch – Französisch

Aal	anguille *w*
Abendessen	dîner *m* (*als Verb:* zu Abend essen)
abgefüllt	mis en bouteille
ablöschen	déglacer
Agar-Agar (Geliermittel aus Algenextrakt)	agar-agar *m*
Ahornsirup	sirop d'érable *m*
Akazienhonig	miel d'acacia *m*
Alge	algue *w*
Alkohol	alcool *m*
alkoholisch	alcoolique
Amsel	merle *m*
Ananas	ananas *m*
Anchovis	anchois *m*
Anis	anis, anis vert *m*
anstoßen (auf die Gesundheit von jemandem)	trinquer (santé, à la vôtre)
Apfel	pomme *w*
Apfelessig	vinaigre de cidre *m*
Apfelsaft	jus de pomme *m*
Apfeltorte	tarte aux pommes *w*
Apfelwein	cidre *m*
Appetithäppchen	amuse-bouche *od.* amuse-gueule *m od.* mise en bouche *w*
Aprikose	abricot *m*
Aroma	arôme *m*
aromatisieren	parfumer
aromatisiert	aromatisé, -e
Artischocken	artichaut *m*
Artischockenboden	fond d'artichaut *m*

Aspik (in Aspik)	gelée *w* (en gelée)
Aubergine	aubergine *w*
Aufpreis	supplément *m*
ausprobieren	goûter
Auster	huître *w*
Austernkorb	bourriche d'huîtres *w*
Austernpilz	pleurote *w*
Auswahl	assortiment *m od.* choix *m*
Avocado	avocat *m*
Babynahrung	petit pot *m*
Backe	joue *f*
Bäcker	boulanger *m*
Backfett	margarine *w*
Backform	moule *m*
Backhefe	levure de boulanger
Backofen	four *m*
Backpflaume	pruneaux (d'Agen) *m*
Backpulver	levure chimique
Backschokolade	chocolat pâtissier *m*
Backzeit	cuisson *w*
Baguette	baguette *w* (normale)
Baiser	meringue *w*
Ballaststoff	fibres *w pl*
Balsamico-Essig	vinaigre de balsamique *m*
Banane	banane *w*
Bärlauch	ail aux ours *m*
Barsch	perche *w*
Basilikum	basilic *m*
Bauch	poitrine *w* (Schwein)
Bedienung	garçon de café *m* (*od.* service *m*)
Beefsteak	beefsteack *m*
Beere	baie *w*
Beifuß	génépi *m*
Beilage	garniture *w*
Bergkäse	fromage de montagne *m*
Besteck	couverts *m pl*
bestellen	commander
Bestellung	commande *w*
Bicarbonat	bicarbonate de soude *m*
Bier	bière *w*

Bierkrug	chope *w*
Biobrot	pain bio *m*
biologisch	biologique *od.* Bio
Birne	poire *w*
Birnenschnaps	alcool de poire *m*
Bistro	bistrot *m*
bitter	âcre *od.* amer
Bittermandel	amer *w*
Blatt	épaule *w* (Wild)
Blätterteig	pâte feuilletée *w*
Blattspinat	épinards en branche *m pl*
Blaubeere	airelle *w*
Blauschimmelkäse	fromage à pâte persillée *m*
Blume (Wein)	bouquet *m*
Blumenhonig	miel toutes fleurs *m*
Blumenkohl	chou-fleur *m*
blutig	saignant
Blutorange	orange sanguine *w*
Bodensatz	dépôt *m*
Bohne, gelbe	haricot beurre *m*
Bohne, grüne	haricot vert *m*
Bohne, weiße	haricot blanc *m*
Bohnen, dicke	fève *w*
Bohnenkraut	sarriette *w*
Bonbon	bonbon *m*
Blutwurst	boudin noir *m*
Branntweinbrennerei	distillerie *w*
Braten	rôti *m*
Brathähnchen	poulet rôti *m*
Bratkartoffeln	pommes de terre sautées *w pl*
Brauerei	brasserie *w*
Brei	bouillie *w*
Brennnessel	ortie *w*
Bresse	brème *w*
Bries	ris *m* (Kalb, Lamm)
Broccoli	brocoli *m*
Brombeere	mûre *w*
Brombeerlikör	crème de mûre *w*
Brot	pain *m*
Brötchen	petits pains *m*

deutsch - französisch

Brotkrume	mie *w*
Brotkruste	croûte *w*
Brotlaib	miche de pain *w*
Brotscheibe	tartine *w*
Brunnenkresse	cresson *m*
Brust	poitrine *w*
Buchweizen	sarrasin *m*
Buchweizenmehl	farine de sarrasin/blé noir *m*
Bückling	hareng saur *m*
Büdnerfleisch	viande des Grisons *w*
Buffet	buffet *m*
Bug	épaule *w* (Schwein)
Bulgur	boulgour *m*
Bulle	taureau *m*
Bund (Zwiebel)	botte (d'oignons) *w*
Butter	beurre *m*
Butterkeks	petit-beurre *m*
carte (à la) (im Gegensatz zum »Menu«)	carte (à la)
Cashew	noix de cajou *w*
Cayennepfeffer	piment de Cayenne *m*
Chicoree	endive *w* (*in Nordfrankreich:* chicon *m*)
Chinakohl	chou chinois *m*
Clementine	clémentine *w*
Couscous	couscous *m*
Crema catalana	crème catalane *w*
Crème brûlée	crème brûlée *w*
Crème fraîche	crème fraîche (épaisse) *w*
cremig	onctueux
Crêpe	crêpe *w*
Croûton	croûton *m*
Dampf	vapeur *w*
Dampfkartoffeln	pommes vapeurs *w pl*
Darm	boyau *m*
Dattel	datte *w*
dekantieren	décanter
Dessertcreme	crème dessert *w*
Dill	aneth *m*
Dinkel	épeautre *m*

Dose	canette (Getränk) *w*; conserve *w*
Dosenöffner	ouvre-boîte *m*
Drachenkopf	rascasse *w*
Drossel	grive *w*
Duft	odeur *w*
durchgebraten	bien cuit
Dutzend	douzaine *w*
Ei œuf *m*	
Ei, hart gekochtes	œuf dur *m*
Ei, weich gekochtes	œuf à la coque *m*
Eiche	chêne *m*
Eichenblatt	feuille de chêne *w*
Eierpudding	œufs au lait *m pl*
Eigelb	jaune d'œuf *m*
einfrieren	congeler
Eingeweide	viscères *w pl*
Einkäufe	achats *m pl*
einkaufen	acheter
einkaufen gehen	faire les courses *w pl*
Einkaufstasche	cabas *m*
Einkaufswagen	caddy *m od.* chariot *m*
einlegen	macérer
Einzelverkauf	détail (au)
Eisglace *w*	
Eisbecher	coupe glacée *w*
Eisbergsalat	laitue iceberg (*od.* pommée) *w*
Eischnee	blanc en neige *m*
Eiskaffee	café liégeois *m*
Eissalat	batavia *f*
Eisschokolade	chocolat liégeois *m*
Eiswürfel	glaçon *m*
Eiweiß	blanc d'œuf *m*
Endivie	scarole *w*
Ente	canard *m*
Entenbrustfilet	magret de canard *m*
Entenmuschel	pouce-pied *m*
Entenstopfleber	foie gras de canard *w*
Enteweibchen	cane *w*
entkoffeinierter Kaffee	déca (café) *m*
Enzian	gentiane

Erbsen	petits pois *m pl*
Erdbeere	fraise *w*
Erdnuss	cacahuète *w*
Erdnussöl	huile d'arachide *w*
Ernährung	alimentation *w*
Erzeugnis	produit *m*
Espresso	expresso *m*
Essen	repas *m* (*als verb:* manger)
Essig	vinaigre *m*
Essigessenz	vinaigre d'alcool *m*
Esskastanie	châtaigne *w od.* marron *m*
Estragon	estragon *m*
Etikett (kleines Schild)	étiquette *w*
Extrakt	extrait *m*
Fadennudeln	cheveux d'ange *m pl*
Farbstoff	colorant *m*
Fasan	faisan *m*
Fass	fût *m*
Feige	figue *w*
Feinschmecker	gourmet *m*
Feinschmeckermenü	menu gastronomique *m*
Feldhuhn	perdrix *w*
Feldsalat	mâche *w*
Felsengarnele (kleine Krevette)	crevette rose *w*
Fenchel	fenouil *m*
Fertiggericht	plat cuisiné *m od.* plat préparé *m*
Fertiggerichte zum Mitnehmen	plats à emporter *m pl*
Fett	graisse *w od.* gras *m od.* matière grasse *w*
fettarm	allégé
fettarme Milch	lait demi-écrémé *m*
Filet	blanc *m od.* filet (Geflügel)
Filoteig	feuille de brick *w*
Fisch	poisson *m*
Fischbrühe	fumet de poisson *m*
Fischfilet	filet de poisson *m*
Fischhändler *m*	poissonnier *m*

Fischladen	poissonnerie *w*
Fischschuppe	écailles *w pl*
Fischsuppe	soupe de poisson *w*
flambiert	flambé, e
Flanke	flanchet *m*
Flasche	bouteille *w*
Flaschenöffner	ouvre-bouteille *m*
Fleisch	viande *w*
Fleischbällchen	boulette *w*
Fleischwurst	cervelas *m*
Flügel	aile *w*
Flügelspitze	aileron *m*
Flusskrebs	écrevisse *w*
Fonduetopf	caquelon *m*
Forelle	truite *w*
Form	plat *m*
Förmchen	ramequin *m*
Franzosendorsch	tacaud *m*
freilaufend	élévé en plein air
Frikassee	fricassée *w*
frisch	frais, fraîche
Frische	fraîcheur *w*
Frischkäse	fromage frais *m*
Frischling	marcassin *m*
Friséesalat	frisée *w*
Froschschenkel	grenouille (cuisse de) *w*
Frucht	fruit *m*
Fruchtfleisch	pulpe *w*
Fruchtsaft	jus de fruit *m*
Fruchtzucker	fructose *m*
Frühlingszwiebel	oignon blanc *m*
Frühstück	petit-déjeuner *m*
Füllung	farce *w*
Gabel	fourchette *w*
Galantine	galantine *w*
Gang	plat *m*
Gans	oie *w*
Gänseschmalz	graisse d'oie *w*
Gärung	fermentation *w*
Gaspacho	gaspacho *m*

deutsch - französisch

Gastronomie (Kochkunst)	gastronomie *w*
Gebäckladen	biscuiterie *w*
gebraten	rôti, sauté
Geburtstagskuchen	gâteau d'anniversaire *m*
Gedeck	couvert *m*
Gefäß	pot *m*
Geflügel	volaille *w*
Geflügelleber	foie de volaille
gefriergetrocknet	lyophilisé
gefüllt	farci, e, fourré, e
gegrillt	grillé, e
gehackt	haché, e
gekocht	cuit, e
Gekröse	fraise (Fleisch) *w*
Gelatine	gélatine *w*
Gelee	gelée *w*
Geliermittel	gélifiant *m*
Gelierzucker	sucre gélifiant *m*
gemahlen	moulu
Gemüse	légume *m*
Gemüsebrühe	bouillon de légume *m od.* court-bouillon *m*
Gemüsezwiebel	oignon jaune *m*
gepfeffert	poivré, e
geräuchert	fumé, e
Gericht	mets *m*, plat *m*
gerieben	râpé, e
gerinnen	cailler
Gerippe (eines Hähnchens)	carcasse (de poulet) *m*
Gerste	orge *m*
Geruch	odeur *w*
gesalzen	salé, e
Geschmack	goût *m*, saveur *w*
geschmolzen	fondu
geschmort	braisé, e
Geschnetzeltes	émincé *m*
Getränk	boisson *w*
Getreide	céréales *w pl*
getrüffelt	truffé, e

Gewicht	poids *m*
Gewürz	aromate *m od.* condiment *m od.* épice *m*
Gewürznelke	clou de girofle *m*
Glas	verre *m*
Glasaal	civelle *w*
glasieren	napper
Glasur	glaçage *m*
Glattbutt	barbue *w*
Glühwein	vin chaud *m*
Gluten	gluten *m*
Goldbrasse	dorade *w*
Goldbutt	plie *w* (*od.* carrelet *m*)
Gramm	gramme *m*
Granatapfel	grenade *w*
Grapefruit	pamplemousse *m*
Gräte	arête *w*
gratiniert	gratiné, e
Griebe	grattons *m pl*
Grieß	semoule *w*
Grießkuchen	gâteau de semoule *m*
Grill	barbecue *m*
Grillgerät	rôtissoire *w*
Grillgericht	grillade *w*
Grillrestaurant	rôtisserie *w*
Grog	grog *m*
Großhandel	commerce en gros *m*
Gründling	goujon *m*
Grünkohl	chou frisé *m*
Guave	goyave *w*
Gugelhupf	kouglof *od.* kougelhopf *m*
Guten Appetit!	bon appétit !
Hafer	avoine *m*
Haferflocken	flocons d'avoine *m pl*
Hagebutte	cynorhodon *m* (*od.* gratte-cul) *m*
Hahn	coq *m*
Hai	requin *m*
halbfester Käse	fromage à pâte semie-dure *m*
halbtrocken	demi-sec
Hals	collier *m*

Hammel	mouton *m*
handgeschöpft	moulé à la louche
Handwerker	artisan *m*
handwerklich	artisanal
Hanglage	coteau *m*
Hartkäse	fromage à pâte dure *m*
Hartweizengrieß	semoule de blé dur *w*
Hase	lièvre *m*
Haselnuss	noisette *w*
Haselnussöl	huile de noisette *m*
Hasenrücken	râble *m*
hausgemacht	fait maison
Haut	peau *w*
Haxe	jarret *m*
Hecht	brochet *m*
Hefe	levure *w*
Heidelbeere	airelle, myrtille *w*
Heilbutt	flétan *m*
heiße Schokolade	chocolat chaud *m*
heiße Zitrone	citron pressé chaud *m*
herb	âcre
Herbstrompette	trompette de la mort *w*
Herd	fourneau *m*
hergestellt	fabriqué
Hering	hareng (fumé) *m*
Herkunft	origine *w*
Hersteller	fabricant *m;* producteur *m*
Herz	cœur *m*
Herzmuschel	coque *w*
Himbeere	framboise *w*
Himbeeressig	vinaigre de framboise *m*
Hirn	cervelle *w*
Hirsch	cerf *m*
Hirschkuh	biche *w*
Hirse	millet *m*
H-Milch	lait UHT (ultra haute température)
Honig	miel *m*
Hokkaidokürbis	potimarron *m*
Holunder	sureau *m*

Holzkohle	charbon de bois *m*
Honigkuchen	pain d'épices *m*
Hopfen	houblon *m*
Hörnchen	croissant *m*
Huhn	poule *w*
Hühnerbrühe	bouillon de poule *m*
Hülsenfrüchte	légumes secs *m pl*
Hummer	homard *m*
Hunger	faim *w*
Ingwer	gingembre *m*
Inhalt	contenance *w*
Innereien	tripes *w pl od.* abats *m pl*
Jahrgang (Wein)	cuvée *w*, millésime *m*
Jakobsmuschel	coquille Saint-Jacques *w*
Joghurt	yaourt *m*
Joghurt ohne Geschmack	yaourt nature *m*
Johannisbeere, rote	groseille *w*
Johannisbeere, schwarze	cassis *m*
Jungschwein	porcelet *m*
Kabeljau, Dorsch	cabillaud *m* (*od.* morue)
Kaffee	café *m*
Kaffeebohnen	grains *m pl*
Kaffeeersatz	chicorée *w*
Kaffeefilter	filtre *m*
Kaffeemaschine	cafetière *w*
Kaffeepulver	café en poudre *m*
Kakao	cacao *m*
Kakaobohne	fève *w*
Kakaobutter	beurre de cacao *m*
Kakaopulver	cacao en poudre
Kaki (Sharonfrucht)	kaki *m*
Kalb	veau *m*
Kalbsbraten	rôti de veau *m*
Kalbsbries	ris de veau *m*
Kalbsbrust	tendron de veau *m*
Kalbsfuß	pied de veau *m*
Kalbskarree	carré de veau *m*
Kalbskopf	tête de veau *w*
Kalbsleber	foie de veau *m*
Kalbsmedaillon	médaillon de veau *m*

Kalbsroulade	paupiette de veau *w*
Kalbszunge	langue de veau *w*
Kaldaunen	tripes *w pl*
Kaliber	calibre *m*
Kalmar	calamar *m* (*od.* calmar)
kalt	froid
Kamille	camomille *w*
Kanapee	canapé *m*
kandiert	confit
Kandiszucker	sucre candi *m*
Kaninchen	lapin *m*
Kaninchen, junges	lapereau *m*
Kaninchenragout	lapin en gibelotte *m*
Kapaun	chapon *m*
Kaper	câpre *w*
Karamel	caramel *m*
karamellisiert	caramélisé
Karamellpudding	crème caramel *w*
Kardamom	cardamome *w*
Kardone, »spanische Artischocken«	cardon *m*
Karpfen	carpe *w*
Kartoffel	pomme de terre (*od.* patate) *w*
Kartoffelchips	chips *m*
Kartoffelkroketten	croquette de pomme de terre *w od.* pommes (de terre) dauphines *w pl*
Kartoffelstärke	fécule de pomme de terre *w*
Käseverkäufer	fromager *m*
Kasse	caisse *w*
Kassenbon	ticket de caisse *m*
Kastanienhonig	miel de châtaigner *m*
Katzenhai	roussette *w od.* saumonette *w*
Kaugummi	chewing-gum *m*
Kaumagen	gésier *m*
Keim	germe *m*
Keks	biscuit *m*
Kerbel	cerfeuil *m*
Kern (bei Früchten)	pépin *m od.* noyau *m*
Kidneybohne	haricot rouge *m*

Kilogramm	kilogramme *m*
Kichererbse	pois chiche *m*
Kirsche	cerise *w*
Kirschtomate	tomate-cerise (*od.* cocktail) *w*
Kiwi	kiwi *m*
knabbern	grignoter
Kneipe	bar *m*
Knoblauch	ail *m*
Knoblauchzehe	gousse d'ail *w*
Knochen	os *m*
Knochenmark	mœlle *w*
Knochenschinken	jambon à l'os *m*
Knollensellerie	céléri-rave *m*
Knorpel	cartilage *m*
Knurrhahn	grondin *m*
knusprig	croquant (*od.* croustillant)
Kochbuch	livre de recettes *m*
kochen	cuisiner, faire la cuisine
kochend heiß	bouillant
Kochmütze	toque *w*
Kochschinken	jambon blanc *m* (*od.* cuit, *od.* de Paris)
Köhler (*od.* Kohlfisch)	lieu noir *m*
Kohlsuppe	soupe au chou *w*
Kokosnuss	noix de coco *w*
Kompott, Mus	compote *w*
Kondensmilch	lait condensé *od.* concentré
Konditor	pâtissier *w*
Konditorei	pâtisserie *w*
Konfitüre	confiture *w*
Konserve	conserve *w*
Konservendose	boîte de conserve *w*
Konservierungsstoff	conservateur *m*
Kopfsalat	laitue *w*
Korb	corbeille *w*
Koriander	coriandre *w*
Kork	bouchon *m*
Korkenzieher	tire-bouchon *m*
Korn	grain *m*
Körnerbrot	pain aux céréales *m*

koscher	casher
kosten	goûter
köstlich	délicieux, se
Köstlichkeit	délice *m*
Kotelett	côte *w* (*od.* côtelette *w*)
Krabbe, große Krevette	bouquet *m*
Kraftbrühe	consommé *m*
Kräuter der Provence	herbes de Provence *w pl*
Kräuter	herbes (aromatiques) *w pl*
Kräutertee	tisane *od.* infusion *w*
Krebs	crabe *m*
Kristallzucker	sucre cristal *m*
Krokant	nougatine *w*
Krümel	miette *w*
Krustentier	crustacé *m*
Küche	cuisine *w*
Kuchen	gâteau *m*
Küchenchef	chef, cuistot *m*
Kuh	vache *w*
kühl	frais
Kümmel	cumin *m*
Kumquat	kumquat *m*
Kunde	client(e) *m/w*
Kundschaft	clientèle *w*
künstlich	artificiel
Kürbis	citrouille *w od.* courge *w*
Kurkuma	curcuma *m*
Kuvertüre	couverture *w*
Lachs	saumon *m*
Laden	boutique *w od.* magasin *m*
Lakritz	réglisse *m od. w*
Laktose	lactose *w*
Lamm	agneau *m*
Lammbraten	rôti d'agneau *m*
Lammkarree	carré d'agneau *m*
Lammkeule	gigot d'agneau *m*
Lammzunge	langue d'agneau *w*
Landbrot	pain de campagne *m*
Landwein	vin de pays *m*
Langkornreis	riz long *m*

Languste	langouste *w*
Langustine	langoustine *w*
Latte macchiato	lait russe *m* (weniger verbreitet als in Deutschland)
Lauch	poireau *m*
Lavendel	lavande *w*
Lavendelhonig	miel de lavande *m*
Lebensmittel	aliment *m od.* denrée *w*
Lebensmittelladen	alimentation *w*
Leber	foie *m*
Leberpastete	foie gras *m*
Lebkuchen	pain d'épices *m*
Leinsamen	graines de lin *m pl*
Lerche	alouette *w*
lieblich	mœlleux, doux
Lieferung	arrivage *m od.* livraison *w*
Likör	liqueur *w*
Limette	citron vert *m*
Linsen	lentilles *w pl*
Linsen, Du-Puy	lentilles vertes du Puy *w pl*
Linsen, gelbe	lentilles blondes *w pl*
Linsen, rote	lentilles corail *w pl*
Löffel	cuillère *w*
Löffelbiscuit	biscuit à la cuiller *m*
Lollo rosso	lolla rossa *w*
Lorbeer	laurier *m*
Löwenzahn	pissenlit *m*
Lunge	mou *m*
Lutscher am Stiel	sucette *w*
Madeleine	madeleine *w*
Magen	estomac *m*
mager	dégraissé
Mais	maïs *m*
Maiskolben	épi de maïs *m*
Majoran	marjolaine *w*
Makrele	maquereau *m*
Makrone	macaron *m*
Mandarine	mandarine *w*
Mandel	amande *w*
Mandelcremefüllung	frangipane *w*

Mandelsirup	orgeat *m*
Mango	Mangue *w*
Mangold	bette (*od.* blette) *w*
Maracuja	fruits de la passion *m pl*
Margarine	margarine *w*
Marinade	marinade *w*
marinieren	mariner
Markknochen	os à mœlle *m*
Markt(halle)	marché (couvert) *m*
Marmelade	confiture *w* (*od.* marmelade *w*)
Marmorkuchen	marbré au chocolat *m*
Maronencreme	crème de marrons *w*
Marshmallow	guimauve (pâte de) *w*
Marzipan	pâte d'amande *w*
Matze	pain azyme *m*
Maul	museau *m*
Mayonnaise	mayonnaise *w*
medium	à point
Meeraal	congre *m*
Meeräsche	mulet *m*
Meeresfrüchte	fruits de mer *m pl*
Meermandel	amande de mer *w*
Meerrettich	raifort *m*
Meerspinne	araignée; sehr feines Stück Rind *w*
Mehrwertsteuer (MwSt.)	TVA (taxe sur la valeur ajoutée) *w*
Meister	maître artisan *m*
Melone (aus der Charentes)	melon (charentais) *m*
Menge	quantité *w od.* volume *m*
Menü	menu *m*, Liste von Gerichten zu einem festen Preis
Messer	couteau *m*
Metzger	boucher *m*
Metzgerei	boucherie *w*
Miesmuscheln	moules *w pl*
Milch	lait *m*
Milchbrötchen	pain au lait *m*
Milchkaffee	café au lait *m*

Milchreis	riz au lait *m*
Milchschokolade	chocolat au lait *m*
Mineralwasser	eau minérale *w*
Mirabelle	mirabelle *w*
Mischung	mélange *m*
Mittagessen	déjeuner *m* (*als Verb:* zu Mittag essen)
Mohn	pavot *m*
Möhre, Karotte	carotte *w*
Mokkaparfait	parfait au café *m*
Molluske	mollusque *m*
Morchel	morille *w*
Mortadella	mortadelle *w*
Mürbeteig (nicht süß)	pâte brisée *w*
Mürbeteig (süß)	pâte sablée *w*
Muskatnuss	noix de muscade *w*
Müsli	céréales *w pl*
Müsliriegel	barre céréale *w*
Myrte	myrte *w*
Nachtisch	dessert *m*
Nacken	échine *w* (Schwein)
Napfschnecke	bernique *w*
natürlich	naturel
Nektar	nectar *m*
Nektarine	brugnon *m od.* nectarine *w*
Netzfett	crépine *w*
Nichtraucherzone	zone non-fumeurs *w*
Nieren	rognons *m pl*
Nordseegarnele, graue Krabbe	crevette grise *w*
Nouvelle Cuisine	nouvelle cuisine *w*, »Neue Küche«
Nudeln	pâtes (*od.* nouilles *w pl*)
Nugat	nougat *m*
Nuss	noix *w* (Kalb)
Nussknacker	casse-noix *m*
Ober	serveur *m*
Obst	fruit *m*
Obstsalat	salade de fruits *w*

Ochsenherz (Tomatensorte)	cœur de bœuf *m*
öffnen	ouvrir
Öffnungszeiten	heures d'ouvertures *w pl* (*od.* horaires d'ouverture *m pl*)
Öl	huile *w*
Olive	olive *w* (*grün:* verte, *schwarz:* noire)
Olive ohne Kern	olive dénoyautée *w*
Olivenöl	huile d'olive *w*
Ölsardinen	sardines à l'huile *w pl*
Omelett	omelette *w*
Önologe, Önologin	œnologue *m*
Orange	orange *w*
Orangeat	écorce d'orange confite *w*
Orangenblüte	fleur d'oranger *w*
Orangenblütenwasser	eau de fleur d'oranger *w*
Orangensaft	jus d'orange *m*
Oregano	origan *m*
Osterlamm	agneau pascal *m*
Paket	paquet *m*
Palmenherzen	cœurs de palmier *m pl*
Pampelmuse	pamplemousse *m*
Pangasius	pangas *m*
Paniermehl	chapelure *w* (*od.* panure *w*)
paniert	pané
Pannrippe	plate-côte *w* (Rind)
Pansen	gras-double *m* (*od.* panse *w*)
Paprika	poivron *m* (*rot:* rouge, *grün:* vert, *gelb:* jaune)
Paprikagewürz	paprika *m*
pasteurisieren	pasteuriser
Pastille	pastille *w*
Pastinake	panais *m*
Patisson-Kürbis	pâtisson *m*
Pellkartoffeln	pommes de terre en robe des champs *w pl*
Perlhuhn	pintade *w*
Petersfisch	Saint-Pierre *m*
Petersilie	persil *m*

Petersilie, glatte	persil plat *m*
Petersilie, krause	persil frisé *m*
Pfand	consigne *w*
Pfannengericht	poêlée *w*
Pfeffer	poivre *m*
Pfefferbrot	pain d'épices *m*
Pfefferminze	menthe verte *w*
Pfefferstreuer	poivrière *w*
Pferd	cheval *m*
Pfifferling	chanterelle *w od.* girolle *w*
Pfirsisch	pêche *w*
Pfirsichlikör	crème de pêche *w*
Pflaume	prune *w*
Pfund	livre *w*
Physalis	physalis *w* (*od.* amour en cage, »Liebe im Käfig«)
Picknick	pique-nique *m*
Pils	bière blonde *w*
Pilz	champignon *m*
Piment	piment *m*
Pinienkern	pignon *m*
Pistazie	pistache *w*
Platte	plat *m* (*od.* plateau *m*)
pochiert	poché
Polenta	semoule de maïs *w*
Pollack	lieu jaune *m*
Pommes frites	frites *w pl*
Porree	poireau *m*
Portwein	porto *m*
Praline	bonbon au chocolat *m*
Preis	prix *m*
probieren	goûter
Probierglas	verre de dégustation *m*
Pudding	flan *m*
Puderzucker	sucre glace *m*
Püree	purée *m*
Pute	dinde *w*
Puter	dindon *m*
Qualität	qualité *w*
Quark	fromage blanc *w*

deutsch - französisch

Queller, »Meeresspargel«	salicorne *w*
Quellwasser	eau de source *w*
Quitte	coing *m*
Raclettegrill	appareil à raclette *m*
Radicchiosalat	trévise *w*
Radieschen	radis rose *m*
Radieschenblatt	fane de radis *w*
Ragout	ragoût *m*
Rahm	crème *w*
Rapsöl	huile de colza *w*
Raucherzone	zone fumeurs *w*
Rauke	roquette *w*
Rebe	vigne *w*
Rebsorte	cépage *m*
Rebstock	souche *w* (*od.* cep *m*)
Rechnung	addition *w*
Regal, Auslegefläche	étalage *m*
Reh	chevreuil *m*
Rehkeule	gigue *w*
reif	mûr
Reifung	affinage *m*; maturation *w* (*od.* maturité *w*)
Reis	riz *m*
Reiskuchen	gâteau de riz *m*
Reservierung	réservation *w*
Rest	reste *m*
Rettich, schwarzer	radis noir *m*
Rezept	recette *w*
Rhabarber	rhubarbe *w*
Riesengarnele	gambas *w*
Riesenkürbis	potiron *m*
Rind (auch Rindfleisch)	bœuf *m*
Rinderbraten	rôti de bœuf *m*
Rinderkeule	gîte *w*
Rinderkotelett	côte de bœuf *w*
Rindsfuß	pied de bœuf *m*
Rindszunge	langue de bœuf *w*
Ringeltaube	palombe *w*
Rippenstück	côte *w*
Roastbeef	faux-filet *m* (*od.* rosbif *m*)

Rochen	raie *w*
Roggen	seigle *m*
Roggenbrot	pain de seigle *m*
roh	cru
Rohmilch	lait cru *m*
Rohmilchkäse	fromage au lait cru *m*
Rohrzucker	sucre roux *od.* sucre de canne *m*
Rohschinken	jambon cru *m*
Rollmops	rollmops *m*
Rosa Pfeffer	baies roses *w pl*
Rosé	vin rosé *m*
Rosenkohl	chou de Bruxelles *m*
Rosine	raisin sec *m*
Rosinenbrötchen	pain aux raisins *m*
Rosmarin	romarin *m*
Rotbarbe	rouget barbet *m*
Rotbrasse	pageot *m*
rote Beete	betterave rouge *w*
rote Linsen	lentilles corail *w pl*
Rotkohl	chou rouge *m*
Rotwein	vin rouge *m*
Rotweinessig	vinaigre de vin rouge *m*
Rotzunge	limande *w*
Roulade	paupiette *w* (Kalb)
Rucola	roquette *w*
Rührei	brouillés *m pl*
Rum	rhum *m*
Rumpsteak	rumsteack *m*
Rundkornreis	riz rond *m*
Safran	safran *m*
Saft, *auch* Bratensaft	jus *m*
saftig	juteux
Sago	tapioca *m*
sähmig	onctueux
Sahne	crème *w*
Sahne, geschlagen	crème Chantilly (*od.* crème fouettée) *w*
sahnig	crèmeux
Saison	saison *w*
Salat	salade *w*

Salat, grüner	salade verte *w*
Salatsauce	assaisonnement *m*
Salatteller	salade composée *w*
Salbei	sauge *w*
Salz	sel *m*
Salzkartoffeln	pommes de terre à l'eau *w pl*
Salzlake	saumure *w*
salzlos	sans sel
Salzstreuer	salière *w*
Samen	graine *w*
Sandwich	sandwich *m*
Sardine	sardine *w*
Sattel	selle *w* (Lamm)
Sauce	sauce *w*
Sauce hollandaise	sauce hollandaise *w*
sauer	acide
Sauerampfer	oseille *w*
Sauerkirsche	griotte *w*
säuerlich	acidulé
Sauerteig	levain *m*
Sauerteigbrot	pain au levain *m*
Schaf	brebis *w*
Schälchen	barquette *w*
Schale	écorce *w*
Schale (von Früchten und Gemüsen)	pelure *w*
Schalentier	coquillage *m*
Schalotte	échalote *w*
scharf	piquant (*od.* épicé)
Schaumwein	vin pétillant *m* (*od.* mousseux)
Scheibe	tranche *w*
Scheidenmuschel	couteau de mer *m*
Scheidenmuschelfuß	pied de couteau *m*
Schellfisch, geräuchert	haddock *m*
Schenkel	cuisse *w*
Schere (eines Krustentiers)	pince *w*
Schinken	jambon *m*
Schinkeneisbein	jambonneau *m*
Schlagsahne	crème liquide

Schlangengurke	concombre *m*
Schleie	tanche *w*
schließen	fermer
Schließung, Geschäftsschluss	fermeture *w*
Schloss	château *m*
Schmorbraten	daube *w* (*od.* estouffade *w*)
Schmortopf	cocotte *w*
Schnaps	eau-de-vie *w*
Schnecke	escargot *m*
schnell	rapide
Schnitte	tranche *w*
Schnittlauch	ciboulette *w*
Schnitzel	escalope *w*
Schokocroissant	pain au chocolat *m*
Schokolade	chocolat *m*
Schokolade, weiße	chocolat blanc *m*
Schokoladenhersteller	chocolatier *m*
Schokoladenmousse	mousse au chocolat *w*
Schokoladenpulver	chocolat en poudre
Schokoladenraspel	copeaux de chocolat *m pl*
Scholle	plie *w* (*od.* carrelet *m*)
Schulter (Rind)	macreuse *w*
Schulter	épaule *w*
Schürze	tablier *m*
schütteln	secouer
Schwanz	queue *w*
Schwarte	couenne *w*
Schwarzwälder Kirschtorte	forêt noire *w*
Schwarzwurzel	salsifis *m*
Schwein	cochon *m* (*od.* porc *m*)
Schweinebraten	rôti de porc *m*
Schweinefilet	filet mignon *m*
Schweinekarree	carré de porc *m*
Schweinerippe	côte de porc *w*
Schweineschmalz	saindoux *m*
Schweineschulter	palette de porc *w*
Schweinsfuß	pied de porc *m*
Schweinsohr	palmier *m*

Schwertfisch	espadon *m*
Schwimmkrabbe	étrille *w*
Seebarsch	bar (*im Süden auch:* Loup de mer *m*)
Seefisch	poisson de mer *m*
Seehecht	colin *m* (*od.* merlu *m*)
Seeigel	oursin *m*
Seelachs	lieu *m*
Seeohr	ormeau *m*
Seeteufel	lotte *w*
Seezunge	sole *w*
Sekt	mousseux *m* (*od.* vin pétillant *m*)
Selbstbedienung	libre-service *m*
Sellerie	céleri boule *m*
Semmelstoppelpilz	pied de mouton *m*
Senf	moutarde *w*
Senfsaat	graines de moutarde *w pl*
Sesam	sésame *m*
Sesamöl	huile de sésame *w*
Sherryessig	vinaigre de xérès *m*
Sirup	sirop *m*
Sodagetränk	soda *m*
Soja	soja *m*
Sonderangebot	offre spéciale *w* (*od.* promotion *w*)
Sonnenblumenkern	graines de tournesel *w pl*
Sonnenblumenöl	huile de tournesol *w*
Spanferkel	cochon de lait *m*
Spargel	asperge *w*
Spargel, grüner	asperge verte (*od.* sauvage *w*)
Spargelspitze	pointe d'asperge *w*
Spätlese	vendange tardive *w*
Speck	lard *m*
Speckwürfel	lardons *m pl*
Speisestärke	maïzena *w* (fleur de maïs)
Spezialität	spécialité *w*
Spiegelei	œuf au plat *m*
Spieß	brochette *w*
Spinat	épinards *m pl*

Sprotte	sprat *m*
Sprudelgetränk	boisson gazeuse *w*
Stachelbeere	groseille à maquereau *w*
Stangensellerie	céléri branche *m*
Stärke	amidon *m* (*od.* fécule *w*)
Steak	bifteck *w*
Steckrübe	rutabaga *m*
Steinbutt	turbot *m*
Steinpilz	cèpe *m (od.* bolet*)*
Stern	étoile *w*
Sternanis	anis étoilé *m*
Stieleis	bâtonnet *w*
Stieltopf	casserole *w*
Stint	eperlan *m*
Stockfisch	morue séchée *w*
Stopfleber	foie gras *m*
Stör	esturgeon *m*
Strandschnecke	bigorneau *m*
Strauß	autruche *w*
Streifen	lanière *w*
Strunk	trognon *m*
Stück	morceau *m* (*od.* pièce *w*)
süffig	gouleyant
Sülze	aspic *m*
Supermarkt (klein)	supérette
Supermarkt (mittel)	supermarché *m*
Supermarkt (sehr groß)	hypermarché *m*
Suppe	potage *m* (*od.* soupe *w*)
Suppe aus Krusten	bisque *w*
süß	sucré
Süßholz	réglisse *m od. w*
Süßkartoffel	patate douce *w*
Süßsauer	aigre-doux
Süßspeise	entremets *m*
Süßstoff	sucre édulcorant *m*
Süßwaren	confiseries *w pl* (*od.* sucreries *w pl*)
Süßwasserfisch	poisson d'eau douce *m*
Taboulé	taboulé *m*
Tafelschokolade	tablette *w*

Tafelwein	vin de table *m*
Tagesgericht	plat du jour *m*
Tartar	tartare *m*
Tasche	panier *m* (*od.* sac *m*)
Taschenkrebs	tourteau *m*
Täubchen	pigeonneau *m*
Taube	pigeon *m*
Tee	thé *m*
- grüner Tee	thé vert *m*
- Rooibostee	thé rouge *m*
- schwarzer Tee	thé *m*
Teestube	salon de thé *m*
Teilchen	viennoiserie *w*
Teller	assiette *w*
Terrasse	terrasse *w*
Tetrapack	brique *w*
Theke	comptoir *m* (*od.* zinc *m*)
Theke (im Supermarkt und in anderen Lebensmitteläden)	coupe (à la)
Thunfisch	thon *m*
Thymian	thym *m*
Tiefkühlgericht	plat surgelé *m* (*od.* produits surgelés *m pl*)
Tier	animal *m*
Tintenfisch	poulpe *m* (*od.* seiche *w*)
Tisch	table *w*
Toastbrot	pain de mie *m*
Tomate	tomate *w*
Tomatenmark	concentré de tomates *m*
Topinambur	topinambour *m*
Torte	tarte *w*
Tortenbiskuit	génoise *w*
Tradition	tradition *w*
traditionell	traditionnel, le
Traube	grappe *w*
Traubenkernöl	huile de pépin de raisin *m*
Trinkjoghurt	yaourt à boire
trocken	sec
Trockenerbse	pois cassé *m*

Trockenfrüchte	fruits secs *m pl*
Trüffel	truffe *w*
vakuum verpackt	sous-vide
Vanille	vanille *w*
Vanillepulver	vanille en poudre *w*
Vanillesauce	crème anglaise *w*
Vanillestange	gousse de vanille *w*
Vanillezucker	sucre vanillé *m*
vegetarisch	végétarien
Veilchen	violette *w*
Venusmuschel	palourde *w* (in der Provence auch: clovisse *w*)
Verbrauch	consommation *w*
Verfallsdatum	date de péremption *w* (*od.* date limite de consommation (D.L.C.) *w*
Verkauf	vente *w*
Verkostung	dégustation *w*
Verpackung (öko)	emballage (éco) *m*
Vinaigrette	vinaigrette *w*
Vollkornbrot	pain complet *m* (nicht vergleichbar mit einem deutschen Vollkornbrot)
Vollkornmehl	farine complète *w*
Vollkornreis	riz complet *m*
Vollmilch	lait entier *m*
Volumen	volume *m*
vorbereiten	accommoder
vorgebacken	précuit
Vorspeise	entrée *w* (*od.* hors-d'œuvre *m*)
Waage	balance *w*
Wacholderbeeren	baies de genièvre *w pl*
Wachtel	caille *w*
Wachtelei	œuf de caille *m*
Waffel	gaufre *w*
Waffeltüte (Eis)	cornet (de glace) *m*
Walderdbeere	fraises des bois *w*
Walnuss	noix *w*
Walnussbrot	pain aux noix *m*
Walnusskern	cerneau *m*

Walnussöl	huile de noix *w*
warm	chaud
Wasser	eau *w*
Wasser mit Kohlensäure	eau gazeuse *w*
Wasser ohne Kohlensäure	eau plate *w*
Wasserbad	bain-marie *m*
Wasserglas	vere à eau *m*
Wasserkaraffe	carafe d'eau *w*
Wassermelone	pastèque *w*
Weichkäse	fromage à pâte molle *m*
Weichtier	mollusque *m*
Wein	vin *m*
Weinberg	vigne *w* (*od.* vignoble *m*)
Weinblatt	feuille de vigne *w*
Weinbrand	eau-de-vie *w*
Weinglas	verre à vin *m*
Weingut	château *m* (*od.* domaine *m od.* propriété *w*)
Weinhändler	caviste *m*
Weinkeller	cave *w*
Weinlese	vendange *w*
Weinmost	moût *m*
Weintraube	raisin *m*
Weißfisch	blanchaille *w*
Weißkohl	chou blanc *m*
Weißwein	vin blanc *m*
Weißweinessig	vinaigre de vin blanc *m*
Weizen	blé *m;* froment *m*
Weizenmehl	farine (de blé *od.* froment)
Wellhornschnecke	bulot *m*
Wels	silure *w*
wiegen	peser
Wild	gibier *m*
Wildkaninchen	lapin de Garenne *m*
Wildragout	civet *m*
Wildreis	riz sauvage *m*
Wildschwein	sanglier *m*
Winzer	vigneron *m* (*od.* viticulteur *m*)
Wirsing	chou vert *m*
Wirt, Wirtin	patron(ne) *m/w*

Wittling	merlan *m*
Würfel	dés *m pl*
Würfelzucker	sucre en morceaux *m*
Wurst	saucisse *w*
Wurstwaren; Wurstwarenladen	charcuterie *w*
Wurzel	racine *w*
würzen	assaisonner
Zackenbarsch	mérou *m*
Zahnstocher	cure-dent *m*
Zander	sandre *m*
zerstoßen	concasser
Zeste (aus der Schale von Zitrusfrüchten)	zeste *m*
Zickel	chevreau *m*
Ziecklein	cabri *m*
Ziege	chèvre *w*
Ziegenkäse	chèvre *m*
Zimt	cannelle *w*
Zimtstange	bâton de cannelle *m*
Zitronat	citron confit *m*
Zitronatzitrone (Zedratz.)	cédrat *m*
Zitrone (gelb)	citron jaune *m*
Zitronenmelisse	citronnelle *w*
Zitrusfrucht	grume *m*
zubereiten	accommoder
Zucchini	courgette *w*
Zucker	sucre *m*
Zuckererbsen	pois gourmands (*od.* pois mange-tout) *m pl*
Zuckerstange	sucre d'orge *m*
Zuckerwatte	barbe à papa *w*
Zusatz	additif *m*
Zuschlag	supplément *m*
Zutat	ingrédient *m*
Zwetschge	quetsche *w*
Zwieback	biscotte *w*
Zwiebel	oignon *m*
Zwiebel, rote	oignon rouge *m*
Zwiebelsuppe	soupe à l'oignon *w*